AF661580

भारत की आवाज़

ए.पी. अब्दुल कलाम

राजपाल

अनुवाद

महेन्द्र कुलश्रेष्ठ

स्थापित 1912
100 वर्षों की श्रेष्ठ प्रकाशन परम्परा
राजपाल

₹ 299

ISBN : 9788170288855

पहला संस्करण : 2010 सातवां संस्करण : 2024

BHARAT KI AWAAZ by A.P.J. Abdul Kalam

मुद्रक : शीतल प्रिन्ट्स दिल्ली

राजपाल एण्ड सन्ज़

1590, मदरसा रोड, कश्मीरी गेट, दिल्ली-110006

फोन : 011-23869812, 23865483, 23867791

e-mail : sales@rajpalpublishing.com

www.rajpalpublishing.com

www.facebook.com/rajpalandsons

क्रम

भारत की आवाज़

स्वतन्त्रता आंदोलन ने हमारे अंदर यह भाव पैदा कर दिया कि राष्ट्र किसी व्यक्ति या संस्था से बड़ा होता है। किन्तु विगत कुछ दशकों से यह राष्ट्रीय भाव लुप्त होता जा रहा है। आज आवश्यकता है कि सभी राजनैतिक दल आपस में सहयोग करें और इस ज्वलंत प्रश्न का उत्तर दें—"भारत कब एक विकसित राष्ट्र बनेगा?"

धर्म-निरपेक्षता के सिद्धान्त के प्रति अटूट निष्ठा होनी चाहिए। धर्म-निरपेक्षता हमारी राष्ट्रीयता का आधार है और हमारी सभ्यता का एक सबल पक्ष है। सभी धर्मों के नेताओं को एक ही तरह का संदेश देना चाहिए जिससे लोगों के दिलो-दिमाग में एकता का भाव पैदा हो जिससे हमारा देश खुशहाल और सम्पन्न हो सके।

आज समय की माँग है कि हर नागरिक अनुशासित आचरण करे, इससे जागरूक नागरिकों का निर्माण होगा। किसी देश के लोग जितने अच्छे होते हैं वह देश उतना ही अच्छा होता है। किसी देश की संरचना में वहाँ की जनता के जीवन-मूल्य, नैतिकता और आचरण प्रकट होते हैं। ये बहुत महत्त्वपूर्ण कारक होते हैं जो निर्धारित करते हैं कि देश प्रगति के पथ पर चलेगा या फिर ठहराव के दौर से गुज़रेगा।

हमें अपने दैनिक जीवन में ईमानदारी, निष्ठा और सहनशीलता जैसे मूल्यों का पालन करना है। इससे हमारी राजनीति राष्ट्रनीति में बदल जाएगी। हमें सामाजिक स्तर पर यह सकारात्मक दृष्टिकोण अपनाना होगा कि हम अपने देश के लिए क्या कर सकते हैं।

हमने अपने पूर्वजों द्वारा किए गए कार्यों और उनकी छोड़ी गई विरासत से बहुत लाभ उठाया है। अब यह हमारा अधिकार और दायित्व है कि हम अपनी भावी पीढ़ी के लिए एक सकारात्मक परंपरा स्थापित करें जिसके कारण वह हमें याद रखेगी।

यह पुस्तक विकसित भारत के निर्माण की राह दिखाती है। युवाओं को यह पुस्तक अवश्य पढ़नी चाहिए।

–दैनिक ट्रिब्यून

'नंबर वन' तो अपने कलाम साहब हैं ही और इस पुस्तक से मालूम होता है कि वे अपने देश को बड़ा बनाने का सपना हकीकत में कैसे बदलते देखना चाहते हैं।

–खुशवंत सिंह

'भारत की आवाज़' पढ़ने से पता चलता है कि राष्ट्रपति पद से मुक्त होने के बाद भी कलाम इतने लोकप्रिय क्यों हैं। इस पुस्तक में कहीं कलाम एक दार्शनिक के रूप में नज़र आते हैं तो कहीं उनकी बातों में एक जननेता की झलक दिखाई देती है।

–तहलका

यदि 54 करोड़ युवा इस भावना के साथ काम करें "मैं यह कर सकता हूँ", "हम यह कर सकते हैं" और "भारत यह कर सकता है", तो भारत को विकसित देश बनने से कोई नहीं रोक सकता

व्यक्ति का विकास अधिक महत्त्वपूर्ण है या राष्ट्र का? व्यक्ति का विकास राष्ट्र के विकास में किस प्रकार सहायक हो सकता है?

—हीबा जेमी, लेडी डोआक कॉलेज, मदुरै

किसी भी राष्ट्र का विकास उसकी जनता के द्वारा ही किया जाता है। इसलिए, व्यक्ति का विकास ज़्यादा महत्त्वपूर्ण है। हमें व्यक्ति के विकास का एक ऐसा कार्यक्रम बनाना चाहिए, जिससे ऐसे जागृत नागरिकों का निर्माण हो, जो राष्ट्र के विकास का कार्य कर सकें।

आपके विचार में, सैनिक, शिक्षक, डॉक्टर, वैज्ञानिक और राजनीतिज्ञ —इनमें से देश की सर्वोत्तम सेवा कौन करता है?

—तरन्नुम, केन्द्रीय विद्यालय, पठानकोट

इनमें से प्रत्येक व्यक्ति देश की उत्तम सेवा कर सकता है।

- सैनिक का कार्य है देश के एक अरब से अधिक नागरिकों की रात-दिन इस तरह सुरक्षा करना कि वे शान्तिपूर्वक देश के विकास का कार्य करते रह सकें।
- शिक्षक का कार्य है जागृत नागरिकों और भविष्य के नेताओं का निर्माण।
- डॉक्टर का ध्येय-वाक्य होना चाहिए—'मानवता के कष्टों का, अपने दिमाग का सही उपयोग करते हुए निवारण करना।'
- वैज्ञानिक का कार्य है निरन्तर विकास के लिए नये-नये उपाय प्रदान करना।
- राजनीतिज्ञ का कार्य है समाज के सभी वर्गों के सभी कार्यों का समग्र राष्ट्रीय विकास की दिशा में आयोजन करना।

और इन सबके लिए श्रेष्ठ मनुष्य बनना बहुत आवश्यक है।

विकसित भारत के आपके विज़न में सामान्य व्यक्ति किस प्रकार अपना योगदान कर सकता है?

—लालमणि, विकास भारती, मुंगेर

सामान्य व्यक्ति अपने क्षेत्र के अशिक्षित व्यक्तियों को पढ़ना-लिखना सिखा सकता है—इर्द-गिर्द पेड़-पौधे बो सकता है और उनकी देखभाल कर सकता है; इलाके को साफ़-सुथरा रखने का काम कर सकता है और देश-हित के लिए अवांछनीय कार्यों की अधिकारियों को सूचना दे सकता है।

भारत को पूर्ण विकसित राष्ट्र के रूप में निर्मित करने के मार्ग की सबसे बड़ी बाधा क्या है?

—डेविड पी. कॉन, कनेक्टिकट कॉलेज, अमेरिका

हमारे विकसित राष्ट्र के रूप में बढ़ने के मार्ग की सबसे बड़ी बाधा है हमारी पराजयवादी मनोवृत्ति। एक बाधा यह भी है कि हमारे लक्ष्य हमेशा छोटे होते हैं। सच बात तो यह है कि छोटे लक्ष्य रखना अपराध है। हमारे लोग जब ऊँचे और बड़े लक्ष्य निर्धारित करने लगेंगे, तब सब ठीक हो जाएगा और जनता का नेतृत्व करने के लिए तो ऐसे लोग चाहिए जो मिशनरी भावना से काम करें और जिनमें नेतृत्व करने की विशेष योग्यता भी हो।

महान शक्ति के साथ महान दायित्व भी आता है। आपके विचार में, हम सामान्य नागरिक अपने समाज तथा देश को अधिक दायित्वपूर्ण बनाने के लिए क्या कर सकते हैं?

—अर्जुन नायर, कोच्चि

हमारे नागरिकों को अपनी व्यक्तिगत ज़िम्मेदारियाँ समझनी चाहिए और अपने कर्तव्यों का भली-भाँति पालन करना चाहिए—वे जिस क्षेत्र में भी हों, निष्ठापूर्वक अपने कार्य इस प्रकार करें कि उनका उदाहरण नई पीढ़ी को भी उसी प्रकार से कार्य करने की प्रेरणा प्रदान करे।

आज व्यक्तिवाद देश में राष्ट्रवाद को पराजित करता नज़र आ रहा है, जिसके कारण हमारी प्रगति रुक सी गई है। इसके लिए हमें क्या उपाय करना चाहिए?

—शुभम दास, हावड़ा

मेरा विचार है कि 1857 से 1947 तक, जब देश का स्वाधीनता-आन्दोलन ज़ोरों से चल रहा था, राष्ट्रवाद की भावना बहुत प्रबल थी। इसके बाद भी जब-जब देश की सीमाओं पर युद्ध का संकट मंडराया, यह भावना प्रबल हुई। मुझे लगता है कि अब हमें देश के लिए एक दूसरा ध्येय सोचना और बनाना चाहिए, कुछ उसी तरह जैसे विदेशी सत्ता से मुक्त होने के लिए आज़ादी प्राप्त करने का ध्येय निश्चित किया गया था। यह दूसरा ध्येय है भारत को पूर्ण विकसित राष्ट्र के रूप में खड़ा करना और इससे हमारी राष्ट्र-भावना फिर से जागृत हो उठेगी।

हम अपने राष्ट्रीय दिवस अत्यन्त उल्लास, एकता और देशभक्ति के साथ मनाते हैं। लेकिन अगले ही दिन हमारे निजी स्वार्थ के सामने हमारा राष्ट्रीय स्वार्थ धुँधला पड़ जाता है। ऐसा क्यों है और इसे बदलने के लिए हम क्या कर सकते हैं?

—ईशा महेन्द्रु, डी.ए.वी. स्कूल

हमें राष्ट्रीय दिवस के सभी समारोहों को समाज के लिए उपयोगी सामाजिक लक्ष्य में परिवर्तित कर देना चाहिए। प्रत्येक ऐसे अवसरों पर हमें अपने-आपसे यह प्रश्न करना चाहिए, "मैं क्या दे सकता हूँ?" और फिर उसी के अनुसार काम करना चाहिए। देने से दाता को खुशी होती है और उसे पाने वाला ज़रूरतमंद भी खुश होता है। घर और स्कूलों में इस प्रकार के व्यवहार का विकास होना चाहिए। यदि ऐसा होता है तो राष्ट्रीय हित में बिना किसी स्वार्थ भावना के हमारे युवाओं की काम करने की आदत बन जाएगी।

भारत को आर्थिक, सामाजिक और राजनीतिक रूप से स्वतन्त्रता प्राप्त किए हुए बासठ वर्ष हो गए, परन्तु मुझे यह देखकर दुःख होता है कि अभी भी भारत स्थिरता प्राप्त नहीं कर सका है। हमसे सचमुच गलती कहाँ हो गई?

—अंकित अरविन्द, एपीजे स्कूल, नोएडा

भारत निरन्तर प्रगति की राह पर आगे बढ़ रहा है। जब आप आगे बढ़ते हैं तो थोड़ी अस्थिरता तो होती ही है। हमें उस अस्थिरता पर नियंत्रण प्राप्त करके संकल्प के साथ आगे बढ़ना है। जैसा कि मैक 3 (Mach 3) की गति से उड़ रहे लड़ाकू विमान के विषय में कहा जाता है कि इसका ढाँचा थोड़ा लचीला बनाया जाता है ताकि किसी भी अनदेखी घटना या दबाव को सहन कर सके।

यदि भारत के सन्दर्भ में शक्ति, दुर्बलता, अवसर और ख़तरे का मूल्यांकन किया जाए तो आपके विचार में इसके क्या परिणाम निकलेंगे?

—जयजननी पट्टाभिरमन्, वीजेटीआई, मुम्बई

शक्ति : एक बड़ा जैव विविधतापूर्ण और विस्तुत मानव संसाधन।

दुर्बलता : आत्म-संशय।

अवसर : मध्यम आय वर्ग का 30 से 40 करोड़ लोगों का एक विस्तृत बाज़ार।

ख़तरा : पड़ोस के कुछ देशों से मिल रही चुनौती तथा पर्यावरण संतुलन को बनाए रखना।

वह कौन-सा एक प्रमुख कारण था जिसने एक समय भारत को इतना समृद्ध बना दिया था और आज उसकी कमी है?

—सृष्टि सुसरला, संस्कृति स्कूल, पुणे

निष्ठा के साथ काम करना और निष्ठा के साथ सफल होना—आज इसकी कमी है।

असमानता और सांस्कृतिक अंधराष्ट्रीयता पर विजय पाने में हमारी विफलता से उपजा एक नए प्रकार का पृथकतावाद हमारी सामाजिक संरचना में मौजूद विविधता के लिए चुनौती है। इस गम्भीर समस्या का प्रजातांत्रिक तरीके से किस प्रकार समाधान किया जा सकता है?

—उस्मान जावेद, सेंट ज़ेवियर कॉलेज, मुम्बई

मैं अपने बचपन की एक घटना को याद करना चाहूँगा। जब मैं दस साल का था, तीन अद्‌भुत व्यक्तित्व अपने घर पर मिलते देखता था। उनमें से एक थे—पाकशी लक्ष्मण शास्त्रीगल, जो एक महान वैदिक विद्वान होने के साथ ही साथ प्रसिद्ध रामेश्वरम् मन्दिर के मुख्य पुजारी भी थे; दूसरे थे श्रद्धेय फादर बोदाल, जिन्होंने रामेश्वरम् में पहला चर्च बनवाया और मेरे पिता जो मस्जिद में इमाम थे। ये तीनों एकसाथ बैठकर द्वीप की समस्याओं पर विचार-विमर्श करते और उनके समाधान का प्रयास करते। इनके परस्पर विमर्श का परिणाम यह हुआ कि विभिन्न धर्मों के लोगों में आपसी सम्पर्क बढ़ा और फूलों की सुगंध की तरह यह पूरे द्वीप में फैल गया। मैं जब कभी भी लोगों से विभिन्न धर्मों के लोगों के बीच परस्पर सम्पर्क की आवश्यकता पर बातचीत करता हूँ तो मुझे उस बैठक की हमेशा याद आती है। भारत को इस सन्दर्भ में अद्‌भुत लाभ यह है कि यहाँ हज़ारों वर्षों से विचारों में तालमेल रहा। इसे मज़बूत करने की ज़रूरत है। हमने इसके लिए अपने तरीके से एक संस्था बनाई है जिसका नाम है : फ्यूरेक—फाउंडेशन फॉर यूनिटी ऑफ रिलीजन्स एण्ड एनलाइटण्ड सिटिज़नशिप—देश के पन्द्रह विभिन्न आस्था और विश्वास के व्यक्ति इसके सदस्य हैं। वैचारिक समरसता को बढ़ावा देने के लिए हमें ऐसी अनेक संस्थाओं की ज़रूरत है।

ऐसी क्या नीतियाँ हों जिनसे भारत की अर्थव्यवस्था का विकास हो?

—प्रियंका बख्शी, सी.एन.आई. गर्ल्स इंटर कालेज, देहरादून

इसके लिए हमें ग्रामीण और नगरीय विकास में सन्तुलन लाना होगा। हमें ऐसे ज्ञानपूर्ण समाज का विकास करना होगा जो सूचना, संचार और बायो-टेक्नॉलाजी जैसे क्षेत्रों में भी आगे बढ़कर काम कर सकें। तीव्र आर्थिक विकास के लिए यह आवश्यक है कि हमारी व्यापार-नीति नागरिक-केन्द्रित हो, युवा और कर्मठ नेता तैयार किए जाएँ, उपयोग में सरल तकनीकी विकसित हो और उद्योग, प्रयोगशाला तथा अकादमी, ये तीनों एकसाथ मिलकर पूरी लगन से काम करें।

पर्याप्त धन और योग्यता होने पर भी हमारा देश अभी तक विकसित राष्ट्रों की श्रेणी में क्यों नहीं आ सका है?

—मानसी शाह, अहमदाबाद

हमारे पास यद्यपि धन तथा कुछ क्षेत्रों में योग्यता भी है, पर 26 करोड़ लोग अभी भी गरीबी रेखा से नीचे हैं। इन 26 करोड़ लोगों को जब हम कठिन परिश्रम तथा निश्चय से खाता-पीता और सुखी बना देंगे, तब हम विकसित राष्ट्रों की पंक्ति में आ खड़े होंगे। तब भारत एक समृद्ध, सुखी और शान्त राष्ट्र बन जाएगा।

व्याप्त गरीबी, बेरोज़गारी और भ्रष्टाचार की स्थिति में हम किस प्रकार एक सक्रिय भारत का निर्माण कर सकते हैं?

—पीयूष श्रीवास्तव, इण्डियन इन्स्टीट्यूट ऑफ इन्फार्मेशन टेक्नोलॉजी, इलाहाबाद

शिक्षा सबसे पहली प्राथमिकता होनी चाहिए। शिक्षा ऐसी होनी चाहिए जो नौकरी ढूँढ़ने वालों की अपेक्षा नौकरी देने वाले उत्पन्न करे। हमें बड़ी संख्या में गैर-कृषि ग्रामीण उपक्रम के निर्माण का प्रयास करना चाहिए जिससे ग्रामीण क्षेत्रों में लोगों को रोज़गार उपलब्ध हो सके।

भारत में कुछ यूरोपीय देशों की तुलना में कहीं अधिक अरबपति हैं तथा लाल बत्ती पर कंपकंपाते भिखारी भी विश्व में कहीं और की अपेक्षा अधिक हैं। क्यों?

—काव्य चतुर्वेदी, दिल्ली पब्लिक स्कूल, नोएडा

जिस चीज़ की ज़रूरत है वह है सम्मिलित विकास। अब तक अधिकांश विकास तो शहरों में ही हुए हैं। इसका विस्तार ग्रामीण क्षेत्रों में होना चाहिए जहाँ 6,00,00 गाँवों में 70 करोड़ लोग रहते हैं। यद्यपि पिछले कुछ वर्षों में गरीबी रेखा के नीचे रहने वाले लोगों की जनसंख्या में कमी आई है। ऐसा विकास की गति में तेज़ी आने और कृषि तथा कृषि-प्रसंस्करण पर अधिक ध्यान देने के कारण सम्भव हुआ। मुझे पूरा विश्वास है कि हम जल्दी ही देश से गरीबी को मिटा देने में समर्थ होंगे।

वर्ष 2020 में आपकी कल्पना का भारत कैसा होगा?

—शेफ़ाली सिंह एस. एस. खन्ना गर्ल्स डिग्री कालेज, इलाहाबाद

विकसित भारत के लिए मेरी दस-सूत्रीय विशिष्ट रूपरेखा है :

- एक ऐसा राष्ट्र जहाँ ग्रामीण और शहरी का अन्तर नगण्य हो। एक ऐसा राष्ट्र जहाँ संसाधनों का समान वितरण हो तथा सभी को ऊर्जा तथा पेयजल उपलब्ध हो।
- एक ऐसा राष्ट्र जहाँ कृषि, उद्योग और सेवा क्षेत्र परस्पर तालमेल के साथ काम करते हों।
- एक ऐसा राष्ट्र जहाँ किसी प्रतिभावान विद्यार्थी को सामाजिक और आर्थिक भेदभाव के कारण अच्छी गुणवत्तावाली शिक्षा से वंचित न होना पड़े।
- एक ऐसा राष्ट्र जो प्रतिभाशाली विद्वानों, वैज्ञानिकों और निवेशकों के लिए श्रेष्ठ गंतव्य हो।
- एक ऐसा राष्ट्र जहाँ सभी को उत्तम स्वास्थ्य सुविधाएँ उपलब्ध हों।
- एक ऐसा राष्ट्र जहाँ का शासन संवेदनशील, पारदर्शी और भ्रष्टाचार-मुक्त हो।
- एक ऐसा राष्ट्र जहाँ से गरीबी पूरी तरह से मिटा दी गई हो, निरक्षरता समाप्त कर दी गई हो। और बच्चों और महिलाओं के प्रति अपराध शून्य हो तथा समाज में कोई भी स्वयं को उपेक्षित महसूस न करे।
- एक ऐसा राष्ट्र जो समृद्ध, स्वस्थ, सुरक्षित, आतंकवाद से मुक्त, शान्तिपूर्ण, सुखी तथा निरन्तर विकास पथ पर आगे बढ़ता हो।
- एक ऐसा राष्ट्र जो रहने के लिए श्रेष्ठ जगहों में से एक हो और जिसे अपने नेतृत्व पर गर्व हो।

चुनाव के समय मैं सही व्यक्ति का चयन किस प्रकार कर सकता हूँ?

—विजयन, वेट्टवलम, ज़िला तिरुवन्नमला,

मेरे विचार से प्रत्याशी का सच्चरित्र या गुणवत्ता और चुनाव क्षेत्र में उसके द्वारा किए गए कार्य के आधार पर यह चयन किया जा सकता है।

भ्रष्टाचार के कुछ कारण हैं:
आय की असमानता, जो
भी संभव हो, उसे प्राप्त कर
लेने का लोभ और दूसरों की
समस्याओं को महत्त्व न देने
की भावना

आज विश्व में भारत के सांस्कृतिक मूल्य अपने व्यावहारिक रूप की अपेक्षा कागज़ पर सिमटे हुए प्रतीत होते हैं। भ्रष्टाचार का बोलबाला है। बहुत बड़ी जनसंख्या को मूलभूत सुविधाएँ उपलब्ध नहीं हैं, प्रशासन कमज़ोर है तथा राजनीतिक शासन में नैतिकता का अभाव राष्ट्रीय अभिशाप बन गया है। एक समृद्ध सांस्कृतिक विरासत और सभ्यता के बावजूद जिससे हम शिक्षा ले सकते हैं, हम ऐसी स्थिति में कैसे पहुँच गए? क्या हमारे सांस्कृतिक मूल्य बेकार हो गए हैं?

—कैप्टन चड्ढा, नवल हायर कमांड कोर्स, मुम्बई

उन सारी कमियों के बावजूद, भारत विश्व के सबसे बड़े स्थायी प्रजातंत्र के रूप में काम कर रहा है। इस प्रजातांत्रिक व्यवस्था के भीतर हम सभी समस्याओं का निरन्तर रूप से समाधान ढूँढ़ सकते हैं। हमें जो करने की ज़रूरत है वह है, युवाओं में अच्छी सोच पैदा करना ताकि वे बड़े सपने देख सकें और बड़ी उपलब्धियाँ हासिल कर सकें।

क्या हमारे सांस्कृतिक मूल्यों ने हमें सहनशील राष्ट्र बना दिया है? ऐसा लगता है कि हम सभी प्रकार के अत्याचारों को स्वीकार करते हैं लेकिन उनका निर्णायक उत्तर देने में असमर्थ हैं जैसाकि आतंकवाद अथवा समुद्री डकैती से निपटने के हमारे तरीके से प्रकट होता है।

—कैप्टन बीच, नवल हायर कमांड कोर्स, मुम्बई

समाज को दी गई किसी भी संगठित चुनौती से लड़ने का एक ही तरीका है—लोगों की एकता और उद्देश्य की एकता। "जब शैतानी दिमाग एकजुट होते हैं तो अच्छे दिमाग को लड़ने के लिए एकसाथ मिल कर काम करना पड़ता है।"

पाकिस्तान भारत में आतंकवादी भेजता रहता है लेकिन हम हमेशा उसे माफ़ कर देते हैं। क्यों?

—फ़ैज़, आर.पी.वी.वी. त्यागराजनगर, दिल्ली

हम इसलिए शान्ति का माहौल बनाये रखना चाहते हैं कि तेज़ी से आर्थिक विकास हो और हमारे देशवासी ग़रीबी की रेखा से ऊपर उठकर अच्छा जीवन बिता सकें। इससे पूरे दक्षिण एशिया को लाभ होगा क्योंकि ग़रीबी सभी की सामान्य समस्या है।

जैसे-जैसे भारत तेज़ी से आगे बढ़ रहा है, लोगों के बीच सम्पत्ति और विचारों के सन्दर्भ में असमानता भी बढ़ती जा रही है। बढ़ती आकांक्षाएँ जो हमें आगे बढ़ने के लिए प्रेरित करती हैं और अधूरी अपेक्षाएँ जो हमें पीछे धकेलती हैं; इस अन्तर को किस प्रकार सन्तुलित करें?

—कैप्टन जी. के. गर्ग, नवल हायर कमांड कोर्स, मुम्बई

शिक्षा को पहली प्राथमिकता देनी होगी और शिक्षा ऐसी हो जो रोज़गार खोजने वालों की बजाय रोज़गार प्रदान करने वाला वर्ग उत्पन्न कर सके। हमें बड़ी संख्या में कृषि से इतर ग्रामीण उद्यम उत्पन्न करने होंगे ताकि ग्रामीण क्षेत्र के लोगों को रोज़गार मिल सके।

आपने भारत के भविष्य की महत्त्वाकांक्षा के बारे में एक पुस्तक लिखी है "भारत 2020" । आपको इतनी गहराई से सोचने की प्रेरणा कहाँ से मिली? आपके विचार में, हम जिस प्रकार की समस्याओं का सामना कर रहे हैं; उसके बावजूद क्या भारत उन उद्देश्यों को प्राप्त करने में समर्थ होगा जो आपने निर्धारित किए हैं?

—हिमानी, एपीजे स्कूल, जालंधर

"भारत 2020" 1997 में विज्ञान और प्रौद्योगिकी विभाग के प्रौद्योगिकी सूचना और पूर्वानुमान परिषद द्वारा संचालित एक परियोजना का परिणाम था। संयोगवश उस समय मैं उस परिषद का चेयरमैन था। विभिन्न क्षेत्रों के लगभग 500 विशेषज्ञों के साथ विमर्श के बाद हमने वर्ष 2020 के भारत की रूपरेखा तैयार की। भारत की अर्थव्यवस्था लगभग एक अरब लोगों की एक विशाल अर्थ-व्यवस्था है। हम जो कुछ भी करने का प्रयास करते हैं; उसका परिणाम आने में समय लगता है और यही कारण है कि हमने 20 वर्ष आगे का समय लिया और वर्ष 2020 चुना जब भारत एक विकसित देश के रूप में परिवर्तित हो जाएगा। भारत अपने लक्ष्य की ओर बढ़ रहा है। हमारी युवा पीढ़ी के भीतर "मैं कर सकता हूँ" की भावना होनी चाहिए। इसी से वर्ष 2020 के भारत का लक्ष्य प्राप्त होगा।

हमारे कवि कहते हैं कि समाज में जाति या सम्प्रदाय नहीं है। लेकिन रोज़मर्रा की ज़िन्दगी में हम जहाँ भी जाते हैं, इनका ज़िक्र करना पड़ता है। ऐसा क्यों है? और इसे सुलझाने का उपाय क्या है?

—के. बिन्दु, पांडिचेरी इंस्टीट्यूट ऑफ़ होटल मैनेजमेंट एंड केटरिंग, पांडिचेरी

ऐसे आदर्श समाज का, जिसमें जाति और समुदाय के विभाजन न हों, तभी निर्माण किया जा सकता है जब हमारे मन-मस्तिष्क भी सीमाहीन हों। जाति और समुदायों के वर्तमान रूप तक पहुँचने में हमारे समाज को शताब्दियाँ लगी हैं। प्रेम, धैर्य, अच्छे कानून और सही न्याय के उपकरणों का उपयोग करके ही हमारा समाज एक सीमाहीन मानवता के रूप में परिवर्तित किया जा सकता है, जिसमें 'प्रार्थना करने' में लगे ओठों की अपेक्षा काम में लगे हाथ श्रेष्ठतर हैं।

घर, गाँव, ज़िले, राज्य और देश—सभी सीमाओं के प्रश्न पर परेशान रहते हैं। नाले, नदियाँ, पशु, और मनुष्य, कोई भी सीमाओं में बँधकर नहीं रहता। क्या हम ऐसी दुनिया बना सकते हैं जिसमें सीमाएँ न हों?

—लोहित सारंगी, ज्योति विहार हाई स्कूल

जिस क्षण मनुष्य लेनेवाला न रहकर देने वाला बन जाएगा, उसी क्षण हम सीमाहीन दुनिया में रहने के योग्य बन जाएँगे।

हम आतंकवाद को कैसे खत्म कर सकते हैं?

—देवाशीष बोस, भोपाल

आतंकवाद सामाजिक ढाँचे में अस्थिरता के कारण उत्पन्न होता है। **यदि** हम युवकों को समुचित रोज़गार प्रदान कर सकें और धन के वितरण का असन्तुलन समाप्त कर सकें, तो आतंकवाद समाप्त किया जा सकता है।

एक पारदर्शी और कुशल राजनीतिक व्यवस्था का निर्माण करने के लिए हमें क्या उपाय करने चाहिए?

—ऋषांक बावा, कमला नेहरू कॉलेज, नई दिल्ली

दलीय प्रतिबद्धता से परे विकास हमारा मुख्य लक्ष्य होना चाहिए। मतदाताओं को ऐसे नेताओं का चुनाव करना चाहिए जो उनके चुनाव-क्षेत्र में कुशलता और पारदर्शिता के साथ विकास के कार्य कर सकते हों। राष्ट्रीयता से अभिभूत किसी भी व्यक्ति को चुनाव प्रक्रिया में भागीदारी को प्रोत्साहित करने के लिए सरकार द्वारा चुनाव के खर्चे को वहन करने के विषय में छानबीन करनी चाहिए। प्रौद्योगिकी का उपयोग विकास कार्यक्रमों एवं सेवाओं के प्रदर्शन की स्पष्टता में सुधार लाने के लिए करना चाहिए ताकि नागरिकों को राजनीतिक व्यवस्था द्वारा किए जा रहे कार्यों के बारे में जानकारी हो।

आप इस वक्तव्य का किस प्रकार समर्थन करते हैं, कि शान्ति की रक्षा के लिए युद्ध की तैयारी ज़रूरी है?

—राहुल, एन.आई.टी.,श्रीनगर

इस सम्बन्ध में मेरा विचार यह है : पिछले तीन हज़ार साल से भारत पर अनेक देशों से आक्रमण होते रहे हैं। सिकन्दर ने भारत पर आक्रमण किया, फिर फ्रेंच, डच और पुर्तगालियों ने यहाँ अपने उपनिवेश स्थापित किए, और अंग्रेज़ों ने पूरे देश पर शासन किया। क्यों?

भारत को प्रगति करने के लिए शान्ति चाहिए। जब हमारे चारों ओर के सब देश न्यूक्लिअर हथियारों से लैस हैं, हमारा देश चुप बैठकर तय नहीं करता रहेगा। शक्ति का शक्ति ही आदर करती है, हमने अपनी सुरक्षा के लिए जो कुछ किया है वह अपनी स्वाधीनता के लिए ही है। भारत ने पहले भी किसी पर आक्रमण नहीं किया है और भविष्य में भी नहीं करेगा। हमारी न्यूक्लिअर नीति का आधार यही है कि हम आक्रमण की पहल नहीं करेंगे। इसका अर्थ स्पष्ट है, यह देश की रक्षा के लिए ही है।

आपका "विज़न 2020" किस प्रकार भारत की उन्नति से सम्बन्धित है?

—गुलफिशां, जामिया सीनियर सेकेंड्री स्कूल, दिल्ली

"विज़न 2020" का उद्देश्य ग़रीबी-मुक्त भारत का निर्माण करना है। इसके लिए सकल घरेलू उत्पाद की दर प्रतिवर्ष 10% की दर से बढ़नी चाहिए और अगले एक दशक तक इस स्तर को बनाए रखना चाहिए। इसके लिए इन पाँच क्षेत्रों पर केन्द्रित रूपरेखा तैयार करना आवश्यक है—कृषि और खाद्य प्रसंस्करण, शिक्षा और स्वास्थ्य सुविधा, सूचना और संचार प्रौद्योगिकी, देश के सभी भागों में भरोसे-मंद बिजली आपूर्ति की व्यवस्था, भूतल परिवहन और आवश्यक बुनियादी संरचना का विकास तथा महत्त्वपूर्ण प्रौद्योगिकी के क्षेत्र में आत्म-निर्भरता। इन पाँच क्षेत्रों में आपस में घनिष्ठ सम्बन्ध हैं और यदि इनका समन्वित विकास किया जाए तो इससे खाद्यान्न, आर्थिक और राष्ट्रीय सुरक्षा प्राप्त होगी।

आतंकवाद सामाजिक ढाँचे में अस्थिरता के कारण उत्पन्न होता है। यदि हम युवकों को समुचित रोज़गार प्रदान कर सकें और धन के वितरण का असन्तुलन समाप्त कर सकें, तो आतंकवाद समाप्त किया जा सकता है

एक अरब लोगों के नेता के रूप में, आपके विचार में वह कौन-सी एक चीज़ है जो लोगों को राष्ट्र के हित को स्वयं के हित से ऊपर रखने के लिए प्रेरित कर सकती है?

—विद्यार्थी, व्हार्टन बिज़नेस स्कूल, यूनिवर्सिटी ऑफ पेंसिल्वेनिया, यू.एस.ए

यह एक सुन्दर प्रश्न है। यह नेतृत्व के गुण ही हैं जो लोगों को अपने हित से ऊपर राष्ट्रहित के बारे में सोचने के लिए प्रेरित कर सकते हैं। एक ऐसा नेता जो असफलताओं की ज़िम्मेदारियाँ तो स्वयं लेता है लेकिन सफलता का श्रेय पूरे दल को देता है, वह ही लोगों को प्रेरित कर सकता है।

मैं आठ साल की लड़की हूँ और झारखंड के एक गाँव, डकरा, में रहती हूँ। यहाँ नक्सली लोगों का प्रभाव है और आए दिन हिंसक घटनाएँ होती रहती हैं। मेरा विचार है कि इनका कारण 'भ्रष्टाचार' और एक 'गलत दर्शन में विश्वास' है। हमारी सरकार समाज में फैले भ्रष्टाचार को समाप्त करने के लिए क्या कर रही है?

—रिया सिन्हा, उर्सुलीन कन्वेंट स्कूल, रांची

मेरा विचार है कि समाज में भ्रष्टाचार को दो प्रकार से दूर किया जा सकता है। पहला यह कि जनता संसद्र और विधान सभाओं के लिए सही प्रतिनिधियों का चुनाव करे। दूसरा यह कि घर-परिवार से ही भ्रष्टाचार मुक्त समाज की शुरुआत होती है। मेरा मानना है कि केवल तीन व्यक्ति ही भ्रष्टाचार का अन्त कर सकते हैं : माता, पिता और प्रारम्भिक पाठशाला का शिक्षक। बचपन में आप बता सकते हैं कि घर में क्या गलत हो रहा है। बच्चों के प्रति प्रेम के कारण परिवर्तन अवश्य हो सकेगा।

भारत में पन्द्रह-सोलह राजनीतिक दल चुनाव में भाग लेते हैं, इसलिए देश को सच्चे अर्थों में लोकतन्त्र कैसे कहा जा सकता है?

—आयुष काला, सी.एन.आई. बॉयेज़ इंटर कालेज, देहरादून

हमारे लोकतन्त्र की विशेषता यही है कि यहाँ विविधता के साथ एकता भी है। प्रत्येक नागरिक को अधिकार है कि जिस मार्ग को वह ठीक समझे, उसका अनुसरण करे। राष्ट्र का जैसे-जैसे विकास होता जाएगा, अंत में दो दलों की व्यवस्था उभर कर सामने आ जाएगी।

आपके विचार में आज से सौ वर्ष बाद भारत का रूप क्या होगा?

—सुकुमार, ऑलकान पब्लिक स्कूल, नई दिल्ली

मेरे विचार से इसकी तीन मुख्य विशेषताएँ होंगी : पहली यह कि आज से हज़ार साल पहले बिहार में जिस प्रकार नालंदा विश्वविद्यालय था, उस प्रकार देश-भर में शिक्षा व्यवस्था बहुत सुदृढ़ हो जाएगी। हमारे संस्थानों के शोध कार्यक्रम विदेशियों को आकृष्ट करेंगे। दूसरी बात, उस समय तक पृथ्वी के संसाधन समाप्त हो चुके होंगे, इसलिए उसके चारों ओर घूमने वाले अनेक विशाल सेटेलाइट माइक्रोवेव के ज़रिये सूर्य ऊर्जा प्रदान करेंगे। तीसरी, मानव जाति मार्स (मंगल) ग्रह पर जाकर रहने लगेगी। सम्भव है, आपमें से भी कुछ लोग वहाँ पहुँच जाएँ।

ग्रामीण भारत के विकास में वैश्वीकरण का क्या योगदान हो सकता है?

—वरुण श्रीवास्तव, एम.जी.आर. एजुकेशनल एंड रिसर्च ट्रेनिंग इंस्टीट्यूट, चेन्नई

समग्र आर्थिक प्रगति के क्षेत्र में वैश्वीकरण का बहुत महत्त्वपूर्ण रोल होता है क्योंकि इससे प्रतियोगिता को बढ़ावा मिलता है। यदि हमारे उद्योग ज्ञान से सम्बन्धित उत्पादनों के विकास तथा निर्माण में ग्रामीण भारत का उपयोग कर सकें, तो दुनिया के बाज़ार में हमारे उत्पादन ज्यादा सफल होंगे। इससे ग्रामीण क्षेत्रों में रोज़गारों की वृद्धि होगी और विकास भी होगा।

हम एक ओर वैश्वीकरण, निजीकरण और आर्थिक सुधार में लगे हैं तथा दूसरी ओर जनसंख्या और बेरोज़गारी बढ़ती जा रही है। इन दोनों में तालमेल किस प्रकार स्थापित किया जा सकता है?

—अभिषेक एस. देशपांडे, संगरूर

वैश्वीकरण, निजीकरण और आर्थिक सुधारों का परिणाम सामने आने लगा है। आप सब जानते हैं कि देश का सकल घरेलू उत्पाद अब 7 से 8 प्रतिशत पहुँच गया है। कृषि, उद्योग और सेवाएँ, सभी क्षेत्रों में उन्नति हो रही है। अब इनमें रोज़गार की सम्भावना तेज़ी से बढ़ेंगी। साथ ही, सरकार द्वारा आरंभ किए गए ग्रामीण क्षेत्रों में नगरों के समान सुविधाएँ प्रदान करने की 'पुरा' (प्रोवाइडिंग अर्बन एमिनिटीज़इन रूरल एरियाज़) योजना तथा सेवा क्षेत्र दोनों में ग्रामीणों के लिए नए उद्योग और रोज़गार की सम्भावनाएँ भी बढ़ेंगी।

विदेशी निवेश और व्यापार-उद्योग बढ़ाने के लिए भारत क्या कर रहा है?

—पंकज श्रीवास्तव, व्हार्टन बिज़नेस स्कूल, यूनिवर्सिटी ऑफ़ पेंसिलवेनिया, अमेरिका

हम विदेशी निवेश का स्वागत करते हैं, जब तक उससे दोनों देशों को लाभ हो। समस्या तब आती है जब एक को लाभ हो और दूसरे को हानि।

वैश्वीकरण की दिशा में बढ़ती आज की दुनिया में क्या यह सच नहीं है कि सरकारी हस्तक्षेप तथा राजकीय क्षेत्र, दोनों ही निजी क्षेत्र के प्रभाव में कार्य करते हैं। परन्तु इसी के साथ सामाजिक हित के लिए सरकार तथा राजकीय क्षेत्र की ज़िम्मेदारी कम नहीं होती। इस सम्बन्ध में आपके विचार क्या हैं?

—कुणाल कुम्मट, नेशनल लॉ यूनिवर्सिटी, जोधपुर

वैश्वीकरण की ओर बढ़ती दुनिया में सरकारी क्षेत्र, राजकीय क्षेत्र और निजी क्षेत्र सभी को एक-दूसरे के सहयोगी बनकर देश को आर्थिक प्रतियोगिता में सफल बनाने का कार्य करना चाहिए। इनमें कोई एक-दूसरे से बड़ा या छोटा नहीं है और प्रत्येक को अपना विशेष रोल अदा करना है। उन्हें यह भी याद रखना चाहिए कि किसी भी व्यक्ति अथवा संस्थान से देश ऊपर है।

क्या आप सर्वधर्म समाज के समर्थक हैं? धर्मों में समभाव क्या एक सपना-भर है, यह सच्चाई नहीं बन सकता?

—रोहित मिश्र, जे.एस.एस. मेडिकल कालेज, मैसूर

धर्म द्वीपों की तरह होते हैं। यदि हम प्रेम और करुणा के द्वारा सब धर्मों को एक-दूसरे से जोड़ सकें तो निश्चय ही सर्वधर्म समाज और स्थायी शान्ति की स्थापना हो सकेगी।

भारत की विशेष शक्ति इसकी आध्यात्मिकता रही है। आज जब देश भौतिक प्रगति के क्षेत्र में आगे बढ़ रहा है, इसे बनाए रखने के विषय में आपका विचार क्या है?

—बालाजी त्यागराजन, व्हार्टन बिज़नेस स्कूल, यूनिवर्सिटी ऑफ़ पेंसिल्वेनिया, अमेरिका

हमारी एक शक्ति है संयुक्त परिवार की व्यवस्था। इस व्यवस्था में कोई भी समस्या कठिनाई नहीं पैदा करती, जबकि एकल परिवार स्वयं को नष्ट कर लेते हैं। फिर, हमारे यहाँ धर्म भी अनेक हैं। मेरा मानना है कि धर्म बगीचों की तरह होते हैं, बस, उन्हें एक-दूसरे से जोड़ने की ज़रूरत है। हर धर्म प्रेम और करुणा की शिक्षा देता है। अगर हम धर्म को आध्यात्मिक शक्ति में परिवर्तित कर सकें तो यह बड़ी बात होगी।

भारत बहुभाषी और बहुप्रजातीय देश है—यहाँ धर्म भी अनेक हैं। क्या आप मानते हैं कि देश की जनता के लिए एकता सबसे महत्त्वपूर्ण है; यदि हाँ, तो इसे कैसे प्राप्त किया जा सकता है?

—शुभजित गांगुली, कोलकाता

सहिष्णुता से सद्‌भाव उत्पन्न होता है। हमें प्रदेश, धर्म और भाषा की विविधता के बीच एकता का भाव विकसित करना चाहिए। बाँटने वाली इन शक्तियों का इस प्रकार उपयोग करना चाहिए कि समाज में शान्ति स्थापित हो। किसी भी व्यक्ति, धर्म या संगठन से राष्ट्र बढ़कर है। इस बात को ध्यान में रखकर यदि हम मिल-जुलकर काम करें, तो देश की जनता में एकता की भावना उत्पन्न होगी।

ऐसे आदर्श समाज का,
जिसमें जाति और समुदाय के
विभाजन न हों, तभी निर्माण
किया जा सकता है जब हमारे
मन-मस्तिष्क भी सीमाहीन हों

हाल के दिनों में, देश के भीतर के दुश्मन बाहर के दुश्मनों की अपेक्षा अधिक शक्तिशाली होते हुए प्रतीत होते हैं जिससे बाहरी कमज़ोर शत्रुओं को भी मौका मिल रहा है। इसकी झलक तो हमें देश की सभ्यता के इतिहास में भी मिलती है जब हमारे देश के लोगों ने ही बाहर के लोगों के साथ सांठगांठ करके देश का अहित किया और यही हमारे सामूहिक पतन का कारण बना। आपके विचार में हमारी सभ्यता में इस खोट का क्या कारण है और हम इस पर किस प्रकार विजय पा सकते हैं?

—कैप्टन वीरेन्द्र कुमार; नवल हायर कमांड कोर्स, मुम्बई

इतिहास इस बात का साक्षी है कि हम हमेशा देश के भीतर के शत्रुओं के हाथों ही परास्त होते रहे हैं। देश के भीतर के शत्रुओं को समाप्त करने के लिए हमारा हृदय सदाचारी होना चाहिए जिसकी झलक निम्न पंक्तियों में मिलती है :

जहाँ हृदय में सदाचार होता है,
चरित्र में सुन्दरता होती है।
जब चरित्र में सुन्दरता होती है,
तो घर में सौहार्द होता है।
जब घर में सौहार्द होता है,
तो राष्ट्र में व्यवस्था होती है।
जब राष्ट्र में व्यवस्था होती है,
तो विश्व में शान्ति होती है।

हृदय, चरित्र, राष्ट्र और विश्व में एक सुन्दर सम्बन्ध है। समाज में, हमें इसके सभी घटकों में सदाचार का निर्माण करना चाहिए। पूरे समाज को सदाचारी बनाने के लिए यह ज़रूरी है कि हम शिक्षा, परिवार, सेवा, पेशे, उद्योग और व्यापार, नागरिक प्रशासन, राजनीति, सरकार, कानून व्यवस्था तथा न्याय में सदाचार का निर्माण करें।

समाज के सभी क्षेत्रों में सदाचार की भावना का विकास करने के अलावा, एक विकसित भारत के सपनों को साकार करने के लिए अदम्य उत्साह का होना भी ज़रूरी है।

भगवद्गीता के निष्काम कर्मयोग की दृष्टि से वर्तमान उपभोक्ता युग का स्थान क्या है?

—नवधा पांडे, उत्तरांचल संस्कृत अकादमी, देहरादून

गीता के उपदेश तो सर्वकालीन हैं। निष्काम कर्मयोग से तो हमेशा व्यक्ति, परिवार, समाज और राष्ट्र को शान्ति तथा समृद्धि की प्राप्ति होगी। स्वार्थ का परिणाम हमेशा विनाश ही होगा।

किसी भी समाज की असल ताकत उसके बुद्धिजीवियों का सामूहिक चिंतन होता है

भारत में सार्वजनिक कार्यों में स्वामित्व की भावना की कुछ हद तक कमी होती है। यह धारणा कि अमुक चीज़ सरकार की है, से सहज ही यह लगता है कि अमुक चीज़ सामन्ती और शोषक है। सार्वजनिक कार्यों में सामूहिक स्वामित्व की सम्मिलित भावना का अभाव शायद हमारे इतिहास की सामन्ती वर्ग की विरासत है। आधुनिक भारत किस प्रकार अपने-आपको जातिवाद, सामंतवाद तथा प्रान्तीयता से मुक्त कर सकता है तथा सभ्यता की विरासत के इस पक्ष का सामना करने में हमारे सांस्कृतिक मूल्य किस तरह हमारी मदद करते हैं।

—कैप्टन ओ. जॉनसन, नवल हायर कमांड कोर्स, मुम्बई

हमारे सांस्कृतिक मूल्य हमें सदैव यह शिक्षा देते हैं कि हमें निःस्वार्थी होना चाहिए तथा दूसरों के दुःख-दर्द दूर करने में उनकी मदद करनी चाहिए। इसका विकास घर और स्कूल में मिली शिक्षा द्वारा होता है।

यहाँ मुझे महात्मा गाँधीजी को उनकी माता द्वारा दी गई सलाह की याद आती है। उन्होंने कहा था, "बेटा, यदि तुम अपने पूरे जीवनकाल में किसी का जीवन बचा सकते हो अथवा सुधार सकते हो, तभी मनुष्य के रूप में तुम्हारा जन्म और जीवन सफल है। ईश्वर का आशीर्वाद तुम्हारे साथ है।"

इस सलाह का गाँधीजी के जीवन पर गहरा प्रभाव पड़ा तथा पूरा जीवन मानवता के कल्याण के लिए कार्य करने की प्रेरणा मिलती रही। भारत के हर नागरिक को इस सलाह का पालन करना चाहिए।

भारत किस प्रकार विश्व में ज्ञान का केन्द्र बन सकता है और उससे भारत तथा विश्व में गरीबी को समाप्त करने में किस प्रकार मदद मिलेगी?

—शमशेर सिंह, इंडियन इंस्टीट्यूट ऑफ इन्फार्मेशन टेक्नॉलाजी, इलाहाबाद

भारत को धीरे-धीरे औद्योगिक अर्थव्यवस्था से ज्ञान आधारित अर्थव्यवस्था में बदलना होगा जिसमें लोगों को पूर्ण विकास के लिए मौलिक आवश्यकताओं को पूरा करने के साथ ही साथ उनके सशक्तीकरण पर ज़ोर देना होगा। शिक्षा व्यवस्था को रचनात्मक, परस्पर सम्पर्क तथा स्व-शिक्षा को प्रोत्साहित करने वाला तथा अनौपचारिक बनाना पड़ेगा तथा इसका मुख्य लक्ष्य मूल्यों एवं गुणों पर हो न कि सिर्फ पाठ्य-पुस्तक आधारित शिक्षा। कामगारों को केवल कुशल और अकुशल की श्रेणी में वर्गीकरण करने के बजाए उन्हें कुशल, जानकार और अधिकार-सम्पन्न होना चाहिए। काम व्यवस्थित और संगठित होना चाहिए न कि अव्यवस्थित और मशीन-आधारित। प्रबंधन केवल निर्देशात्मक न हो बल्कि इस प्रकार का हो कि काम को अन्य प्रतिनिधियों को भी सौंपा जा सके। इन सबका परिणाम यह होगा कि पर्यावरण और ऊर्जा पर पड़ने वाला नकारात्मक प्रभाव उल्लेखनीय रूप से कम हो जाएगा।

ताजमहल, भाखड़ा-नांगल बाँध, अग्नि-III मिसाइल—भारत के लिए क्या अधिक महत्त्वपूर्ण है?

—मुनीसा तनवीर, मदीना स्कूल, हैदराबाद

ताजमहल कलात्मक सौंदर्य का प्रतीक है। भाखड़ा-नांगल बाँध से आर्थिक विकास को बढ़ावा मिलता है। अग्नि-III देश की सुरक्षा के लिए आवश्यक है। आप एक को दूसरे विकल्प में नहीं ले सकते और न ही एक के लिए दूसरे को निकाल सकते हैं।

हिंसा के खतरे ने वाक् एवं अभिव्यक्ति की स्वतंत्रता के अधिकार के अर्थपूर्ण उपयोग को सीमित कर दिया है। आपके विचार में, क्या इस अधिकार के उपयोग पर कोई सीमा या नियंत्रण होना चाहिए? यदि हाँ, तो किस आधार पर?

—मानसी पराशर, इन्द्रप्रस्थ कॉलेज फॉर वीमेन, दिल्ली

लोगों को हिंसा से नहीं डरना चाहिए। हिंसा का सामना करने के कई तरीके हैं। लोगों को अपने विचारों को व्यक्त करने की पूरी स्वतन्त्रता होनी चाहिए। प्रजातंत्र के संचालन के लिए यह आधार है।

हमारे देश में इतना अधिक भ्रष्टाचार क्यों है?

—संदीप उपाध्याय, इंदौर

इस भ्रष्टाचार के कुछ कारण हैं : आय की असमानता, जो भी सम्भव हो उसे प्राप्त कर लेने का लोभ और दूसरों की समस्याओं को महत्त्व न देने की भावना।

क्या भारत और पाकिस्तान में कभी कश्मीर मुद्दे पर परस्पर सहमति बन सकती है?

—अभिजित सिंह, डी.ए.वी. इंस्टीट्यूट ऑफ इंजीनियरिंग एण्ड टेक्नॉलाजी, जालंधर

आओ, इतिहास से दो उदाहरण लें। यूरोपीय राष्ट्र सदियों से एक-दूसरे से लड़ते आ रहे थे। इसके कारण यहाँ तक कि दो विश्वयुद्ध भी हुए। आज यूरोप के 27 देशों ने मिलकर एक सांझा संघ—यूरोपियन यूनियन—बना लिया। उनकी सांझा संसद है जो प्रत्येक राष्ट्र की व्यक्तिगत समृद्धि और सम्मिलित आर्थिक विकास के लिए काम करती है।

यू.एस.ए. और तत्कालीन यू.एस.एस.आर. के बीच पचास वर्षों तक 'शीत युद्ध' चलता रहा और दोनों देशों ने हज़ारों की संख्या में आणविक अस्त्र एकत्रित कर लिये। आज दोनों देश एक ही टेबल पर बैठकर विश्व शांति की बात करते हैं।

इससे यही पता चलता है कि बदलती परिस्थितियों के साथ ही राष्ट्रों के सम्बन्ध भी बदल सकते हैं।

भारत को विकसित देश के रूप में परिवर्तित करने के लिए मानवीय मूल्यों और संस्कृति का महत्त्व क्या है? इसे प्राप्त करने के लिएं सामान्य व्यक्ति अपनी रोज़मर्रा की ज़िन्दगी में क्या कर सकता है?

—सुधीर, इंडियन इंस्टीट्यूट ऑफ़ साइंस, बंगलोर

भारत को एक विकसित राष्ट्र के रूप में परिवर्तित करने के लिए सच्चरित्रता का मूल्य सबसे महत्त्वपूर्ण है। आम जनता में सच्चरित्रता की भावना उत्पन्न करने के लिए युवाओं को चाहिए कि वे अपने माता-पिता को प्रभावित करके परिवार को सच्चरित्र बनाने का कार्य करें। यदि युवा इस कार्य में जी-जान से जुट जाएँ तो मुझे विश्वास है कि बहुत शीघ्र सारा राष्ट्र परिवर्तित हो जाएगा और विकसित राष्ट्रों की श्रेणी में जा खड़ा होगा।

लोग शान्तिपूर्वक क्यों नहीं रह पाते? क्यों वे मन्दिर-मस्जिद के लिए हमेशा आपस में लड़ते रहते हैं? आप इसके लिए क्या कुछ कर सकते हैं? क्या आप ऐसे कानून या नियम नहीं बना सकते जिनसे यह दुनिया रहने लायक बन जाए? इस बारे में कुछ कहें।

—सारा और अली, ऑल सेन्ट्स तथा शेरवुड कालेज, नैनीताल

सामान्यतया अल्पविकसित हृदय और मस्तिष्क ऐसी बातों को जन्म देते हैं। विकसित मस्तिष्क विज़न देखते हैं जिनसे सब प्रकार के अन्तर लुप्त हो जाते हैं।

शिक्षा का सही अर्थ

शिक्षा से मानव का व्यक्तित्व सम्पूर्ण, विनम्र और संसार के लिए उपयोगी बनता है। सही शिक्षा से मानवीय गरिमा, स्वाभिमान और विश्व-बंधुत्व में बढ़ोतरी होती है। ये गुण शिक्षा के आधार होते हैं।

अंततः शिक्षा का उद्देश्य है—सत्य की खोज। इस खोज का केन्द्र अध्यापक होता है जो अपने विद्यार्थियों को शिक्षा के माध्यम से जीवन में और व्यवहार में सच्चाई की शिक्षा देता है। छात्रों को जो भी कठिनाई होती है, जो भी जिज्ञासा होती है, जो वे जानना चाहते हैं, उन सब के लिए वे अध्यापक पर ही निर्भर करते हैं। उनके लिए उनका अध्यापक एक तरह से एन्साइक्लोपीडिया है जिसके पास सभी प्रश्नों के उत्तर हैं।

यदि शिक्षक के मार्गदर्शन में प्रत्येक व्यक्ति शिक्षा को उसके वास्तविक अर्थ में ग्रहण कर मानवीय गतिविधि के प्रत्येक क्षेत्र में उसका प्रसार करता है तो मौजूदा 21वीं सदी में दुनिया काफी सुन्दर हो जाएगी।

आज की युवा छात्र-पीढ़ी ऐसी शिक्षा प्रणाली चाहती है जो उसके खोजी और सृजनशील मन को सबल बनाने के साथ-साथ उसके सामने चुनौती प्रस्तुत करे। देश का भविष्य उन पर टिका हुआ है। वे वर्तमान में शिक्षा प्रणाली के सम्बन्ध में सोच-विचार करना चाहते हैं। एक अच्छी शिक्षा प्रणाली में ऐसी क्षमता होनी चाहिए जो छात्रों की ज्ञानप्राप्ति की तीव्र जिज्ञासा को शान्त कर सके।

शैक्षणिक संस्थानों को ऐसे पाठ्यक्रम बनाने के लिए खुद को तैयार करना चाहिए जो विकसित भारत की सामाजिक और प्रौद्योगिकी सम्बन्धी आवश्यकताओं के प्रति संवेदनशील हों। वर्तमान पाठ्यक्रम में विकास कार्यों की गतिविधियों को अनिवार्यतः स्थान दिया जाना चाहिए ताकि ज्ञान समाज की भावी पीढ़ी पूरी तरह से सामाजिक परिवर्तन के सभी पहलुओं के अनुकूल हो सके।

शिक्षा का वास्तविक अर्थ क्या है? क्या इसका अर्थ किताबें पढ़ना और स्कूल जाना ही है? या ज्ञान की प्राप्ति इसका अर्थ है?

—अनुज गोयल, ला मार्टिनियर गर्ल्स कालेज, लखनऊ

शिक्षा का अर्थ है एक जाग्रत समाज की रचना।

जाग्रत समाज के मुख्य अंग तीन हैं : एक, ऐसी शिक्षा जिसके निश्चित मूल्य हों; दो, धर्म का आध्यात्मिक शक्ति में परिवर्तन; तीन, आर्थिक विकास। स्कूल जाने का परिणाम यह होना चाहिए कि युवा ज्ञान आधारित समाज के अंग बनें और स्वयं अपने विकास के साथ-साथ राष्ट्रीय विकास में भी अपना योगदान करें।

अच्छा विद्यार्थी बनने के लिए किसी को कितना समय देना चाहिए?

—डी. एन. जोशी, केन्द्रीय विद्यालय, अल्मोड़ा

कोई भी अच्छा विद्यार्थी तब बनता है जब उसकी शिक्षण-प्रक्रिया ये दो काम कर सके : एक, ज्ञान की प्राप्ति, दो, अच्छे मूल्यों की प्राप्ति।

क्या आप यह नहीं सोचते कि आज की पीढ़ी बहुत-से दबावों के तले काम कर रही है! उसे स्कूल में सफलता प्राप्त करने के लिए माता-पिता और शिक्षक, दोनों का दबाव सहन करना पड़ता है। इस स्थिति से उबरने के लिए आज के बच्चे क्या करें?

—मास्टर देवांग पांडे, संदीपनी, नागपुर

यह बात ठीक है। मैं जब भी माता-पिता और शिक्षकों से मिलता हूँ, उनसे कहता हूँ कि 12वीं कक्षा के बाद बच्चों को अपने विषयों का चुनाव करने की स्वतन्त्रता अवश्य दी जानी चाहिए। उनके सही विकास की दिशा में माता-पिता का यह महत्त्वपूर्ण योगदान होगा। इसके बाद, बच्चों की यह ज़िम्मेदारी है कि वे विषयों का चुनाव करते समय अपनी अन्तरात्मा की आवाज़ ध्यान से सुनें और मित्रों तथा अभिभावकों की बातों में न आएँ।

आज की ज़िन्दगी में बहुत-सी विघ्न-बाधाएँ हैं। हम इन पर किस प्रकार विजय प्राप्त करके अपने को ज़िम्मेदार छात्र बना सकते हैं?

—एस. लक्ष्मी, सेंट श्रीशंकर मैट. हायर सेकेंडरी स्कूल, थिरुवन्नियूर, चेन्नई

विघ्न-बाधाएँ जीवन का अंग हैं। ज़िम्मेदार छात्र के रूप में आपको अपनी क्षमताओं और आवश्यकताओं को जानना आवश्यक है। अपना उद्देश्य चुनिये, कड़ा परिश्रम कीजिए और सफलता प्राप्त कीजिए। उद्देश्य पूर्ति की दिशा में कार्य करते हुए अनेक प्रकार की समस्याएँ अवश्य उत्पन्न होंगीं, परन्तु उनसे पराजित मत होइए। आपको पराजय की अपनी भावना का ही नाश करना होगा और अपने मिशन में आगे बढ़ना होगा। जीवन में सफलता प्राप्त करने का यही एक उपाय है।

एक ओर तो हम कहते हैं कि देश में सौ प्रतिशत साक्षरता होनी चाहिए। दूसरी ओर, शिक्षा दिनोंदिन महँगी होती जा रही है। इन दोनों के बीच सन्तुलन किस प्रकार लाया जा सकता है? क्या यह सम्भव है? यदि हाँ, तो किस प्रकार?

—यागिका, श्री कस्तूरबा हाई स्कूल, राजकोट

आवश्यकता इस बात की है कि सरकार द्वारा चलाए जाने वाले स्कूलों में शिक्षण का स्तर बढ़ाया जाए, क्योंकि वहाँ की फीस काफी कम है। शिक्षा का स्तर बढ़ाने के लिए आधुनिक तकनीकी के उपयोग की आवश्यकता है, अध्यापक अच्छे हों और टेली-शिक्षण के माध्यम से उसे दूर-दूर तक फैलाया जाए। यह निवेश सरकार को करना चाहिए और यह बहुत उपयोगी है। साथ ही, उच्च कक्षाओं के छात्रों को आरम्भिक कक्षाओं के छात्रों को निःशुल्क पढ़ाना भी चाहिए।

शिक्षा के अलावा, आपकी राय में, ऐसी और क्या बातें हैं जो छात्रों को बताई जानी चाहिए, जिनके कारण वे ज्यादा अच्छे नागरिक बन सकें और दुनिया की चुनौतियाँ सहन करने योग्य बन सकें?

—अपूर्व सुन्दरम, जयजयशंकर इंटरनेशनल स्कूल, नाज़रथपेट, चेन्नई

स्कूलों में बच्चों को ऐसी सुविधाएँ प्रदान की जानी चाहिए जिनसे उनका व्यक्तित्व बहुआयामी बने, जैसे खेल, भाषण देने की कला, बातचीत की योग्यता, उद्यम-क्षमता, जीवन की कला, सांस्कृतिक मूल्यों की समझ और विकास इत्यादि, और ये सब विषय पाठ्यक्रम के अंग होने चाहिए।

शिक्षा के सम्बन्ध में मेरा विचार यह है कि उसके द्वारा बच्चों की रचनात्मक-शक्ति विकसित की जानी चाहिए

आपके विचार में क्या वर्तमान शिक्षा व्यवस्था और वास्तविक जीवन में श्रेष्ठ सम्बन्ध हैं?

—एन. पवित्रा, जेयसीज़ मैट्रीकुलेशन हायर सेकेण्ड्री स्कूल, ज़िला इरोड

वर्तमान शिक्षा व्यवस्था और वास्तविक जीवन में सम्बन्ध होना चाहिए। वास्तविक जीवन में आ रहे बदलाव के साथ तालमेल बिठाने के लिए शिक्षा व्यवस्था में निरन्तर बदलाव किया जा रहा है ताकि ऐसे विद्यार्थियों को तैयार किया जाए जिनमें अन्वेषण, तथा अनुसंधान क्षमता, रचनात्मकता और नवीनता हो, वे नई-नई प्रौद्योगिकी के प्रयोग में समर्थ हों तथा उनमें उद्यमी और नैतिक नेतृत्व क्षमता हो। जीवन की वास्तविकताओं का सामना करने के लिए इन सभी क्षमताओं का होना ज़रूरी है।

हमें किस तरह अपना दृष्टिकोण विकसित करना चाहिए कि शिक्षा मात्र जीविका की प्राप्ति का ही साधन बनकर न रह जाए? यह किस प्रकार भविष्य के लिए मौलिक नेतृत्व उत्पन्न कर सकता है?

—योगेश कुमार मिश्र, बनारस हिन्दू यूनीवर्सिटी, वाराणसी

हमारी शिक्षा व्यवस्था को मनुष्य के भीतर इन पाँच प्रकार के मस्तिष्क के विकास पर केन्द्रित होना चाहिए :
अनुशासित मस्तिष्क, संयोगी मस्तिष्क, रचनात्मक मस्तिष्क, श्रद्धेय मस्तिष्क, और नैतिक मस्तिष्क। पहले तीन मस्तिष्क का सम्बन्ध व्यक्तिगत होता है जबकि बाद के दो मस्तिष्क मनुष्य के समूह अथवा समाज के सम्बन्ध में उपयोगी हैं। मौलिक नेतृत्व के विकास के लिए इन दोनों के बीच का सौहार्दपूर्ण मिश्रण आवश्यक है। दूसरे शब्दों में, शिक्षा व्यवस्था ऐसी होनी चाहिए कि विद्यार्थियों में सभी पाँच प्रकार के मस्तिष्क का निर्माण करे ताकि वे भविष्य में देश को सुयोग्य नेतृत्व दे सकें।

यदि प्रत्येक व्यक्ति शिक्षित हो जाएगा, तो सफाई, कपड़े धोने इत्यादि के छोटे काम कौन करेगा? आप क्या यह सोचते हैं कि सबको शिक्षित करने से समाज की समस्याएँ हल हो जाएँगी?

—कल्याणी दास, विश्वभारती यूनिवर्सिटी, कोलकाता

कोई भी काम छोटा या घटिया नहीं है। शिक्षा-प्राप्त व्यक्ति प्रत्येक काम ज्यादा अच्छा, कम समय में और कम कीमत पर कर सकता है।

आज एक छोटी-सी कम्पनी भी किसी कर्मचारी को नियुक्त करते समय मौलिक शिक्षा तथा योग्यता सम्बन्धी कुछ मानदंड की मांग करती है। लेकिन देश की संसद में हम ऐसे लोगों को चुनकर भेजते हैं जो सही तरह से पढ़े-लिखे नहीं होते हैं। आपके विचार में क्या यह सही है? निर्वाचित प्रतिनिधियों के लिए हम कुछ शैक्षिक योग्यताओं का निर्धारण क्यों नहीं करते हैं?

—लक्ष्मी पी., बी.वी.बी. इंजीनियरिंग कॉलेज

यह मतदाताओं का दायित्व है कि देश को नेतृत्व देने के लिए वे सही व्यक्ति का चुनाव करें। केवल शैक्षिक योग्यता ही अच्छे काम की गारंटी नहीं है। ऐसे अनेक उदाहरण हैं जब कम शिक्षित व्यक्तियों ने भी लोगों के कल्याण के लिए सराहनीय काम किए हैं।

एक ख्यातिप्राप्त वैज्ञानिक, राजनेता और आध्यात्मिक ज्ञान के महान ज्ञाता के रूप में एक आदर्श विद्यार्थी की आपकी क्या कल्पना है?

—प्रणव पी.के., आर्य सेंट्रल स्कूल

मेरी कल्पना में आदर्श विद्यार्थी वह है : जो सदाचारी है, वह इस सिद्धान्त—समय को व्यर्थ नहीं गुज़रने देंगे—का पालन करता है, पढ़ाई में श्रेष्ठ प्रदर्शन करता है, समाज, स्कूल और परिवार का एक अच्छा सदस्य है। उसमें अपने लक्ष्य की प्राप्ति तक अपने काम को निष्ठापूर्वक करने का धैर्य हो तथा वह शिक्षक, माता-पिता तथा बड़ों का सम्मान करता हो।

आजकल जब लोग ज़िन्दगी को चूहा-दौड़ के रूप में देखते हैं, हम शिक्षा व्यवस्था में स्कूल से आरम्भ करके कालेज और उच्च शिक्षा तक, पाठ्यक्रम में भाषा, विज्ञान इत्यादि के साथ दर्शन का विषय भी आवश्यक रूप से क्यों नहीं सम्मिलित कर लेते?

—एस. बालसुब्रह्मण्यम, इंडियन इंस्टीट्यूट ऑफ साइंस, बंगलोर

बच्चों के जीवन में पाँच वर्ष की आयु से सत्रह की आयु तक शिक्षा के साथ चरित्र-निर्माण का बहुत महत्त्व है। माता-पिता तथा शिक्षकों द्वारा उन्हें यह आधार प्रदान किया जाता है। मैं त्रिची के सेंट जोसेफ़ कालेज में अपने दिनों की बात बताता हूँ। नैतिक शिक्षा की अलग क्लास होती थी जिसे रेवरेंड फादर रेक्टर लिया करते थे, जो जेसुइट पादरियों में सर्वोच्च थे। वे हमें हर सप्ताह एक घंटे में महान आध्यात्मिक नेताओं, धार्मिक नेताओं, प्रसिद्ध वैज्ञानिकों, और सबसे ज्यादा, श्रेष्ठ व्यक्तियों के बारे में बताया करते थे। मैं मानता हूँ कि उनकी कक्षा में मैंने जो कुछ सीखा, वह आज तक मेरे भीतर जीवित है। 'युवा मस्तिष्कों के लिए प्रेरक प्रसंग' जैसी कक्षाएँ स्कूल और कालेजों में चलाई जानी चाहिए। सप्ताह में कम से कम एक बार और इनमें उन्हें हिन्दू, मुस्लिम, ईसाई और दूसरे धर्मों के सिद्धान्तों के बारे में बताया जाना चाहिए। साथ ही कन्फ्यूशियस, गौतम बुद्ध, सेंट आगस्टाइन, खलीफा उमर, महात्मा गाँधी, रवीन्द्रनाथ टैगोर, आइन्सटाइन, अब्राहम लिंकन जैसे महापुरुषों के बारे में बताया जाना चाहिए; साथ ही अपनी सांस्कृतिक परम्पराओं की भी जानकारी दी जानी चाहिए।

शिक्षा का उद्‌देश्य रोज़गार
का सृजन होना चाहिए, न कि
बेरोज़गारों की संख्या बढ़ाना

क्या हमारी शिक्षा-व्यवस्था बेरोज़गारी, आतंकवाद, भ्रष्टाचार और गरीबी से छुटकारा दिलाने में समर्थ हो पाएगी?

—पुनीत, ए.आई.टी.ई.सी. बंगलोर

शिक्षा-व्यवस्था को मूल्यों पर आधारित सामाजिक व्यवस्था, धार्मिक शक्तियों को आध्यात्मिक उन्नति में बदलने की क्षमता और आर्थिक प्रगति को संगठित मार्ग पर ले जाने की योजना से जोड़कर ही राष्ट्रीय विकास की दिशा में बढ़ा जा सकता है। इससे हमें एक अरब जनसंख्या वाले देश में ऐसे प्रबुद्ध और जागरूक नागरिक निश्चित रूप से मिल सकते हैं।

आपके विचार में अच्छे शिक्षक के क्या गुण हैं?

—शांता, जे.एस.एस. प्री-यूनीवर्सिटी कॉलेज, ननजांगुड, मैसूर

अच्छा शिक्षक वह है जो बच्चों को प्यार करता है तथा पढ़ाने में उसे आनन्द आता है। उसे औसत विद्यार्थियों को अपना प्रदर्शन सुधारने में मदद करनी चाहिए। उसे अपने व्यवसाय को एक लक्ष्य की तरह लेना चाहिए, जिसमें वह किसी विद्यार्थी को केवल पढ़ाता ही नहीं हो बल्कि वह एक समझदार नागरिक पैदा कर रहा हो जो भविष्य में देश में परिवर्तन लाने वाला हो।

आज जब प्रायः प्रत्येक घर में नेटवर्किंग की सुविधा उपलब्ध है, स्कूल में क्लास में ही पढ़ाने की व्यवस्था समाप्त कर इसे क्यों नहीं अपना लिया जाता?

—स्वाति जोशी, मंगलम् डी.ए.वी. पब्लिक स्कूल, आदित्यनगर, ज़िला कोटा

दूरवर्ती शिक्षा क्लास रूम शिक्षा का स्थान नहीं ले सकती। दरअसल दोनों एक-दूसरे की पूरक हैं। सेकेंडरी शिक्षा तक अध्यापक का केन्द्रीय महत्त्व है। उच्च शिक्षा में नए आयाम जोड़ने के लिए टेली-शिक्षण का उपयोग किया जा सकता है।

आप "भारत 2020" के लिए किस प्रकार के शिक्षण की कल्पना करते हैं?

—निवेदिता, कोस्टगार्ड पब्लिक स्कूल, दमन

प्राइमरी शिक्षा का उद्देश्य होना चाहिए बच्चों की रचना-शक्ति की बढ़ोतरी। सेकेंडरी शिक्षा का लक्ष्य होना चाहिए बच्चों में ऐसा आत्मविश्वास उत्पन्न करना कि वे अपना स्वयं का कोई छोटा उद्योग खड़ा कर सकें या उच्च शिक्षा और शोध के क्षेत्र में प्रवेश कर सकें। उच्च शिक्षा के संस्थान विश्व स्तर के होने चाहिए जो उद्योग जगत के साथ मिलकर कार्य करें।

वर्तमान शिक्षा व्यवस्था में क्या बदलाव लाना चाहिए ताकि विज्ञान के विद्यार्थियों में विज्ञान के अध्ययन के प्रति उत्साह उत्पन्न हो?

—हुदा मसूद, सीनियर सेकेण्ड्री स्कूल, अलीगढ़

सबसे पहले तो विज्ञान में तर्क के साधारण सौंदर्य को विद्यार्थियों को समझाना चाहिए। मानव शरीर का उदाहरण ले लो। विज्ञान द्वारा यह स्पष्ट कर दिया गया है कि मानव शरीर करोड़ों अणुओं का बना हुआ है। एक औसत वयस्क (70 कि.ग्राम वज़न) में लगभग 7×10^{27} अणु होंगे, अभिप्राय यह है कि 7 में 27 शून्य लगेंगे। उदाहरण के लिए, मेरे शरीर में 5.8×10^{27} अणु हैं। अब इनको 4.7×10^{27} हाइड्रोजन अणुओं में विभाजित करते हैं, फिर 1.8×10^{27} ऑक्सीजन अणुओं में विभाजित करते हैं और अब 47.5×10^{26} कार्बन अणु हैं। एक मनुष्य से दूसरे मनुष्य के बीच का अन्तर अणुओं के क्रम द्वारा निर्धारित किया जाता है। विज्ञान के इसी सौन्दर्य को बच्चों को समझाना चाहिए। दूसरी बात, विज्ञान के शिक्षकों को भी प्रेरक होना चाहिए। फिर विद्यार्थियों को महान वैज्ञानिकों की जीवनी और कार्यों से परिचित कराना चाहिए ताकि उनसे उन्हें प्रेरणा मिल सके। साथ ही वरिष्ठ वैज्ञानिकों द्वारा विज्ञान के महत्त्व पर ज़ोर दिया जाना चाहिए।

हाल ही में मैं डॉ. जी. वेंकटरमन की लिखी किताब जिसका शीर्षक था, *द बिग एंड स्मॉल—फ्रॉम द माइक्रोकोज़म टु मैक्रोकोज़म,* पढ़ रहा था। इस किताब में लेखक भौतिकी तथा ब्रह्मांड विज्ञान के बीच एक आकर्षक सम्बन्ध दिखाता है। इस किताब में सर सी. वी. रमन से सम्बन्धित दी गई एक घटना का यहाँ ज़िक्र करना चाहूँगा। रमन भारत-रत्न से सम्मानित व्यक्तियों की प्रथम सूची में थे। पुरस्कार समारोह 1954 में गणतंत्र दिवस समारोह के शीघ्र बाद

जनवरी के अन्तिम सप्ताह में होने वाला था। तत्कालीन राष्ट्रपति डॉ. राजेन्द्रप्रसाद ने पत्र लिखकर पुरस्कार समारोह में शामिल होने के लिए दिल्ली आने पर उन्हें राष्ट्रपति भवन में अपने व्यक्तिगत अतिथि के रूप में आमन्त्रित किया। रमन ने विनम्रतापूर्वक न आ पाने में अपनी असमर्थता के लिए उनसे माफी माँगी। इस समारोह में शामिल न हो पाने के उनके महान कारण थे। उन्होंने राष्ट्रपति महोदय को पत्र भेजकर यह बात बताई कि उनके दिशा-निर्देशन में एक विद्यार्थी पी-एच.डी. कर रहा था और जनवरी माह के अन्तिम दिन उसका थीसिस जमा होना था। वह विद्यार्थी बड़ी लगन से उसे पूरा करने में लगा हुआ था। रमन ने सोचा कि उन्हें उस विद्यार्थी के साथ होना चाहिए ताकि वह समय पर अपना काम पूरा करके, गाइड के रूप में रमन के हस्ताक्षर के साथ वह अपना थीसिस जमा कर दे। यह वैज्ञानिक था जिसने देश के सर्वोच्च सम्मान से जुड़े भव्य समारोह को इसलिए छोड़ दिया क्योंकि उसका कर्तव्य यह कहता था कि उसे अपने विद्यार्थी के पास होना चाहिए। यही वह चरित्र है जिससे विज्ञान का निर्माण होता है। विद्यार्थियों को ऐसे चरित्र निर्माण के लिए प्रोत्साहित किया जाना चाहिए।

स्वामी विवेकानन्द युवाओं के विकास में गहरी रुचि लेते थे। इस विषय में वे बहुत कठोर थे और कहते थे कि हमें शेर पैदा करने चाहिए, गुलाम नहीं। आज की शिक्षा व्यवस्था में आप ऐसे क्या परिवर्तन करना चाहेंगे जिससे ऐसे शेर उत्पन्न किए जा सकें?

—लक्ष्मी, मेरठ

शिक्षा के सम्बन्ध में मेरा विचार यह है कि उसके द्वारा बच्चों की रचना-शक्ति विकसित की जानी चाहिए। मैं हरगिज़ यह नहीं चाहूँगा कि शिक्षा से शेर उत्पन्न किए जाएँ क्योंकि शेर आदमी को खा जाएँगे।

वैज्ञानिक दृष्टिकोण

विज्ञान मानवता को ईश्वर का सबसे बड़ा वरदान है। तर्क-आधारित विज्ञान समाज की पूँजी है। हम विज्ञान, प्रौद्योगिकी, चिकित्सा, राजनीति, नीति-निर्माण, धर्मशास्त्र, धर्म या न्याय जैसे किसी क्षेत्र में कार्यरत रहें, हमें आम लोगों की सेवा करनी ही होगी क्योंकि ज्ञान और सभी प्रकार के कार्यों का मूलमंत्र मानव-कल्याण है।

विज्ञान के अन्तर्गत जिज्ञासा प्रकट की जाती है और प्रकृति के नियमों में कठिन परिश्रम और अनुसंधान से, उन जिज्ञासाओं का निदान ढूँढा जाता है। विज्ञान एक रोमांचकारी विषय है और एक वैज्ञानिक के लिए समूचे जीवन का एक मिशन। विज्ञान में निपुण होने के लिए गणित का ज्ञान आवश्यक है। गणित और विज्ञान के संयोग से एक दीप्ति पैदा होती है। ज़रूरी यह होता है कि सिद्धान्त को सामने रख कर प्रयोग किया जाए। जो प्रश्न छात्रों के मन में जिज्ञासा उत्पन्न करते हैं और यदि वे विज्ञान से जुड़े हैं तो छात्र विज्ञान की तरफ आकर्षित होते हैं। इसके साथ ही ये प्रश्न व्यावहारिक रूप से अनुकूल हों तथा इन पर विचार करना मनोरंजक हो। ज्ञान के इस संसार में शिक्षकों को प्रेरणास्रोत बनना चाहिए, जो प्रत्येक दिन कुछ-न-कुछ सीखने का हौसला भी रखते हों।

सूचना प्रौद्योगिकी में प्रगति से दुनिया में दूरियाँ मिट गईं और यह संसार एक विश्वग्राम बन गया है। दुनिया की वास्तविक जटिल समस्याओं के निदान हेतु दुनिया के वैज्ञानिकों के बीच तालमेल होना अनिवार्य है। प्राचीन काल में भारत को शिक्षा, वैज्ञानिक अनुसंधान और दर्शन का गढ़ माना जाता था, किन्तु कुछ दशकों से भारत के वैज्ञानिकों का रुख पूर्व से पश्चिम की ओर हो गया है। देर से ही सही, पश्चिमी देशों के वैज्ञानिक फिर भारत की ओर आकृष्ट होने लगे हैं। हमें भारत को विज्ञान और अनुसंधान के क्षेत्र में श्रेष्ठता का केन्द्र बनाने के लिए और श्रम करना होगा।

कृपया मुझे बताएँ कि दुनिया का सबसे पहला वैज्ञानिक कौन था?

—देवेश रंजन, एन.आई.सी., नई दिल्ली

प्रश्नों के द्वारा विज्ञान का जन्म और विकास होता है। विज्ञान की आधारभूमि प्रश्न ही हैं। और जैसा सभी माता-पिता और शिक्षक जानते हैं, बच्चे ही अन्तहीन प्रश्नों के स्रोत होते हैं। इसलिए, बच्चा ही पहला वैज्ञानिक था।

क्या हर वस्तु को सही ढंग से समझने के लिए वैज्ञानिक दृष्टिकोण की ज़रूरत होती है?

—ध्रुव सक्सेना, लखनऊ

हाँ, विज्ञान की सहायता से ही मनुष्य तेज़ी से प्रगति कर सकता है।

ईश्वर ने सृष्टि को बहुत सुन्दर बनाया है। इसलिए हम ऐसी वस्तुओं का आविष्कार क्यों करें जिनसे यह सुन्दरता नष्ट हो।

—हर्षिता गुप्त, सी.एन.आई. गर्ल्स इंटर कालेज, देहरादून

यह सृष्टि सतत निर्माण और नाश के चक्र में घूम रही है। फिर भी, मनुष्य को यह निश्चित करना होगा कि नई तकनीकियों का आविष्कार मानवता के उत्थान के लिए ही किया जाए और उससे प्रकृति नष्ट न हो।

हम भारतीय नागरिकों में वैज्ञानिक सोच कैसे उत्पन्न कर सकते हैं?

—शिखा वाडेकर, मुम्बई

वैज्ञानिकों को यह सुनिश्चित करना चाहिए कि उनके प्रयोगों के परिणाम सामान्य जन तक पहुँचें। यदि यह कार्य निरन्तर किया जाता रहे और लोगों को पता चले कि इनसे उन्हें लाभ होता है, तो उनमें वैज्ञानिक सोच उत्पन्न होने लगेगी।

आपके अनुसार विज्ञान क्या है और तकनीकी क्या है?

—समर्पण, जम्मू

हमारे चारों ओर जो भी जीवन और प्रकृति हैं, उसे अपनी बुद्धि से जानने का प्रयत्न विज्ञान है, और तकनीकी, विज्ञान के प्रयोग की वह प्रक्रिया है जिसके द्वारा उन प्रश्नों का उत्तर प्राप्त किया जाए।

दैनिक जीवन में प्रार्थना की क्या शक्ति है? क्या धर्म में आस्था से विज्ञान बाधित होगा?

—जयश्री के., सेंट थेरेसा कॉलेज, एर्नाकुलम

प्रार्थना और काम से तो आप कुछ भी साकार कर सकते हैं। प्रार्थना और विज्ञान के विकास के बीच कोई सम्बन्ध नहीं है।

अपनी किताब 'विंग्स ऑफ फायर' में आपने बताया है कि "विज्ञान असीमित और अन्वेषक है जबकि विकास सीमित है।" क्या आप समझाएंगे कि इसका क्या अर्थ है?

—रिमया जॉन, सेंट थेरेसा कॉलेज, एर्नाकुलम

विज्ञान मूल है जिसे किसी भी परिस्थिति में लागू किया जा सकता है जबकि विकास का सम्बन्ध किसी वस्तु-विशेष से होता है जिसे प्रदर्शन, स्थान, मूल्य और समय की निश्चित सीमा के भीतर पूरा करना होता है। इस प्रकार यह एक सीमित व्यवस्था है।

विज्ञान का सम्बन्ध मुख्यतः प्रकृति और उसके नियमों से है। लेकिन विज्ञान और तकनीकी प्रकृति के सौन्दर्य को ही नष्ट कर रहे हैं। हम जानते हैं कि ओज़ोन कम हो रही है और धरती की गरमी बढ़ रही है। इसलिए मेरा विचार है कि यह विज्ञान और तकनीकी का सदुपयोग न होकर दुरुपयोग है। इस विषय में आपका क्या मत है?

—प्रीति शर्मा, आर.पी.वी.वी., वसंत कुंज, नई दिल्ली

विज्ञान और तकनीकी से विकास होता है और इससे कभी-कभी पर्यावरण को हानि भी पहुँचती है। लेकिन हमें यह नहीं भूलना चाहिए कि इस समस्या का समाधान भी विज्ञान और तकनीकी से ही प्राप्त होगा।

मनुष्य विज्ञान और तकनीकी के क्षेत्रों में तो तेज़ी से प्रगति कर रहा है परन्तु, ईश्वर से उसका विश्वास घट रहा है। क्या इससे प्रगति में बाधा उत्पन्न होगी?

—रानी सातफले, नवभारत विद्यालय, नागपुर

विज्ञान के क्षेत्र में आगे बढ़ने वाले अधिकतर लोग ईश्वर में आस्था रखते हैं। महान वैज्ञानिक आइन्स्टाइन, जिसने सापेक्षता का सिद्धान्त विश्व को दिया, जब भी आकाशगंगा को देखता था, सृष्टि के इस चमत्कार और इसके निर्माता पर आश्चर्य व्यक्त करता था! हमारे नोबेल पुरस्कार विजेता डॉ. सी. वी. रमन अध्यात्म के विश्वासी थे। यदि हम विज्ञान और तकनीकी को ईश्वर में विश्वास से जोड़ देंगे, तो हमारी सफलताएँ अनेक गुना अधिक हो जाएँगी।

विज्ञान की अनेक कमियाँ हैं, जिनके कारण लोग यह प्रश्न करने को विवश होते हैं कि क्या विज्ञान उत्तम तथा लाभकारी है अथवा यह हानिकर और एक अभिशाप है। इसलिए इन कमियों को दूर करने का उपाय क्या है?

—मनीषा, ऑक्सफोर्ड सीनियर सेकेंडरी स्कूल, दिल्ली

विज्ञान तो वास्तव में अबोध है। यह अभिशाप तो बिलकुल नहीं है। मनुष्य इसका किस प्रकार उपयोग करता है, इससे इसका अच्छा या बुरा होना तय होता है। उदाहरण के तौर पर, न्यूक्लिअर शक्ति से बिजली का उत्पादन भी हो सकता है और भयंकर बम भी बनाए जा सकते हैं। उर्वरकों से खेतों की पैदावार बढ़ाई जा सकती है और इन्हीं रसायनों से हथियार तैयार किए जा सकते हैं।

विज्ञान से तकनीकी बनती है और समाज के नेता यह तय करते हैं कि तकनीकी का प्रयोग किस प्रकार किया जाए।

जानने की इच्छा ही रचनात्मकता का आधार है और इसी के साथ प्रश्नकर्ता मस्तिष्क; दोनों के मेल से वैज्ञानिक प्रवृत्ति का निर्माण होता है

भारत में सकारात्मक वैज्ञानिक क्रान्ति लाने का सर्वोत्तम उपाय क्या हो सकता है?

—मनकोडि प्रतीति, श्री लालबहादुर शास्त्री बॉयज़ महाविद्यालय, राजकोट

विज्ञान और तकनीकी के लाभ सामान्य जन, विशेषकर, ग्रामीणों को, प्राप्त होना चाहिए। 'पुरा' योजना प्रोविज़न ऑफ़ अर्बन एमेनिटीज़ टु रूरल इंडिया—ग्रामीण भारत को नागरिक सुविधाएँ प्रदान करना—के द्वारा यही कार्य किया जा रहा है। प्रादेशिक भाषाओं के माध्यम से भी विज्ञान की शिक्षा का आरम्भ किया जाना चाहिए।

आपके विचार में वे तीन या चार प्रमुख बातें क्या हैं जो प्रौद्योगिकी में मौलिक योगदान के क्षेत्र में भारत को अग्रणी बनने में मदद करेंगी?

विकल्प : द जर्नल ऑफ डिसीज़न मेकर्स, आई.आई.एम. अहमदाबाद

हमें सर्वोच्च प्राथमिकता देनी चाहिए :

- मौलिक और प्रायोगिक विज्ञान में शिक्षा को क्योंकि इससे भविष्य में प्रौद्योगिकी के अन्तर को कम करने में मदद मिलेगी।
- बीजों के उच्च उत्पादकता देने वाले किस्मों के विकास पर जिससे औसत कृषि उपज में तीन से चार गुना बढ़ोतरी होगी।
- सौर ऊर्जा उत्पादन विशेषकर उच्च क्षमतावाले फोटोवोल्टेक सेल से सम्बन्धित तकनीक के विकास पर जिसमें कार्बन नैनो ट्यूब का प्रयोग किया गया हो।
- सूचना, संचार और जैव प्रौद्योगिकी से सम्बन्धित समान तकनीक पर काम। इससे सूचना प्रौद्योगिकी और चिकित्सा प्रौद्योगिकी के क्षेत्र में क्रान्ति आ जाएगी।

भारत के लिए सबसे बड़ी चुनौती ग़रीबी की है। क्या इसे कुछ कम करने या बिलकुल मिटा देने की दिशा में विज्ञान कुछ कर सकता है?

—मल्लिका, आर.पी.वी.वी., सूरजमल विहार, फरीदाबाद

यह सच है कि ग़रीबी भारत की सबसे बड़ी समस्या है। विज्ञान इसे कम करने में मदद कर रहा है। उदाहरण देना हो तो सूचना और संचार तकनीकी ने दूर-दूर तक सम्बन्ध स्थापित कर दिया है और दूरग्राही तकनीकी से भी किसानों को बहुत सहायता मिल रही है।

क्या आप भविष्य में मनुष्य के बसने के लिए मंगल ग्रह की भूमि ठीक-ठाक करने, 'टेरा-फार्मिंग' के पक्ष में हैं?

—बी. अनुराधा, बी.ई.एल., बंगलोर

आज पृथ्वी की जनसंख्या छह अरब है, जो सन् 2020 तक बढ़कर आठ अरब हो जाएगी। इससे दो समस्याएँ उत्पन्न होंगीं : पहली यह कि बहुत सी कीमती धातुओं, जैसे टाइटेनियम, टंगस्टन, मॉलिब्डिनम, तथा अनेक सामान्य धातुओं की भी कमी हो जाएगी। दूसरी यह कि लोगों के रहने के लिए भी ज़मीन की कमी हो जाएगी। इस स्थिति का हल निकालने के लिए अन्य ग्रहों पर खुदाई करने की आवश्यकता होगी। यह कार्य चन्द्रमा पर किया जा सकेगा जो पृथ्वी और मंगल ग्रहों के बीच स्थित है। मंगल पर लोग रह सकेंगे और चन्द्रमा फैक्टरी बन सकेगा, जहाँ शून्य गुरुत्व है। मंगल ग्रह को मनुष्य के रहने योग्य बनाने के लिए 'टेरा-फार्मिंग' की ज़रूरत होगी।

हमें विज्ञान में अधिक विश्वास करना चाहिए या ईश्वर में?

—राजवीर देसाई, भोपाल

ईश्वर तथा विज्ञान दोनों हमें सत्य और जीवन के यथार्थ की ओर ले जाते हैं। ईश्वर की आवश्यकता अध्यात्म के लिए है, और विज्ञान की भौतिक उन्नति के लिए। मनुष्य के जीवन में दोनों ही आवश्यक हैं।

हम अपने बच्चों में विज्ञान के प्रति रुचि किस प्रकार उत्पन्न कर सकते हैं?

—पूनम गौतम, पुणे विश्वविद्यालय

हमें बच्चों को प्रश्न करने की आज़ादी देनी चाहिए और धैर्यपूर्वक उनके उत्तर देने का प्रयत्न करना चाहिए—जब तक वे सन्तुष्ट न हो जाएँ। यह बहुत ज़रूरी है। जानने की इच्छा ही रचनात्मकता का आधार है और इसी के साथ प्रश्नकर्ता मस्तिष्क; दोनों के मेल से वैज्ञानिक प्रवृत्ति का निर्माण होता है।

आप चूँकि अनेक वर्षों से विज्ञान के क्षेत्र में कार्य कर रहे हैं और एक शोध संस्थान के प्रमुख भी रहे हैं, इसलिए मैं आपसे यह पूछना चाहती हूँ कि शोध में लगे वैज्ञानिकों को प्रेरणा प्रदान करने के लिए किस प्रकार की संगठनात्मक नीतियाँ, व्यवहार, पुरस्कार तथा संस्कृति इत्यादि प्रचलन में लाई जानी चाहिए। किसी शोध और विकास योजना को सफलतापूर्वक चलाने के लिए क्या करना आवश्यक है? और इसकी कठिनाइयाँ क्या हैं?

—नीलिमा, एस., इंडियन इंस्टीट्यूट ऑफ़ साइंस, बंगलोर

शोध और विकास के कार्यों में सफलता प्राप्त करने के लिए हमारी संगठनात्मक नीति इस प्रकार की होनी चाहिए जिसमें वैज्ञानिकों में विज्ञान-भावना प्रबल हो, खुली बातचीत हो, आलोचना सुनने की क्षमता हो, टीम भावना से काम किया जाए, समस्याओं को मिल-जुलकर हल किया जाए, और निरन्तर उन्नति करते रहने का पथ प्रशस्त किया जाए। संस्थाओं के नियमों में लचीलापन हो, जो आवश्यकता के अनुसार बदल सकें और जिनसे नए विचार और रचनात्मकता का विकास हो। पुरस्कार व्यवस्था सही समीक्षा, आकलन और कार्य-योग्यता से संचालित हो, और संस्कृति इस विश्वास पर केन्द्रित हो कि विज्ञान और तकनीकी के लिए कुछ भी असम्भव नहीं है।

मशीन ने मनुष्य की भावनाओं को क्यों नियन्त्रित कर दिया है और इसका क्या उपाय है?

—बिन्नी अरोड़ा, डी.ए.वी. इंस्टीट्यूट ऑफ इंजीनियरिंग एंड टेक्नॉलाजी, जालंधर

यदि आपके कहने का आशय यह है कि सुबह से रात तक हमारा जीवन इलैक्ट्रॉनिक उपकरणों जैसे ई-मेल, इंटरनेट, साइबर उपकरण, टी.वी. कम्प्यूटर/लैपटॉप, मोबाइल फोन द्वारा संचालित होता है, तो मैं इस विषय में यह कहना चाहूँगा : बहुतों का यह अनुभव है कि इन उपकरणों से हमारा ज्ञान बढ़ता है तथा हमारे काम अधिक कुशल होते हैं। लेकिन हम कभी भी कम्प्यूटर को अपना स्वामी नहीं बनने दे सकते और न ही यह सम्भव है क्योंकि मनुष्य की रचनात्मकता हमेशा मशीनी समझ से श्रेष्ठ होती है।

वैज्ञानिक बनने से हमारा भविष्य क्या हो सकता है क्योंकि सफलता से लाभ प्राप्त करने में वर्षों तक इन्तज़ार करना पड़ता है, और कभी-कभी तो उसके देहान्त के बाद ही उसे स्वीकृति प्राप्त होती है?

—अनीता जैन, न्यू स्टेट अकादमी, दिल्ली

जो लोग विज्ञान के क्षेत्र में प्रवेश करते हैं और विशुद्ध विज्ञान में अनुसन्धान करते हैं, वे हानि-लाभ के आकर्षण से नहीं, बल्कि विज्ञान की चुनौती और उसके प्रति अपनी गहरी रुचि के कारण ही यह कार्य करते हैं।

उभरते हुए इंजीनियरों के लिए आपका क्या सन्देश है?

—थॉमस एंटोनी, टी ओ सी एच इंस्टीट्यूट ऑफ साइंस एण्ड टैक्नोलॉजी, एरीकुन्नम

इंजीनियर के रूप में अपने कैरिअर की शुरुआत करते समय इंजीनियरों को यह शपथ लेनी चाहिए :

- इंजीनियरिंग और टेक्नोलॉजी पूरे जीवनकाल का लक्ष्य है। मैं काम, काम और सिर्फ काम करूँगा और सफल होऊँगा।
- मैं जहाँ भी रहूँगा, इसी विचार के साथ काम करूँगा कि मैं कौन-सी प्रक्रिया या उत्पाद का आविष्कार, खोज अथवा नवीन परिवर्तन कर सकता हूँ।
- मैं हमेशा यह याद रखूँगा कि, "मेरा समय व्यर्थ व्यतीत न हो।"
- मैं अनुभव करता हूँ कि मुझे महान प्रौद्योगिकीय लक्ष्य निर्धारित करने हैं जिससे मेरा उद्देश्य बड़ा होगा और उसे प्राप्त करने के लिए निरन्तर कठिन परिश्रम करना पड़ेगा।
- मेरे बड़े मित्र महान वैज्ञानिक और तकनीकी रुझान वाले व्यक्तित्व, अच्छे शिक्षक और अच्छी किताबें होंगी।
- मुझे पक्का विश्वास है कि कोई भी समस्या मुझे परास्त नहीं कर सकती है। समस्याओं पर मेरा नियंत्रण होगा, मैं समस्याओं का समाधान ढूँढ़ लूँगा और सफल होऊँगा।
- पृथ्वी ग्रह के सामने उपस्थित समस्याओं जैसे जल, ऊर्जा, आवास, कचड़ा-प्रबन्धन और पर्यावरण को विज्ञान और प्रौद्योगिकी की सहायता से दूर करने के लिए काम करूँगा।
- मेरे हृदय में राष्ट्र के प्रति अगाध श्रद्धा होगी और मैं राष्ट्र का गौरव बढ़ाऊँगा।

विज्ञान से क्या सिद्ध होता है—ईश्वर है, या नहीं?

—दीपक भंडारे, औरंगाबाद

विज्ञान की सहायता से हम अपनी पृथ्वी और अपनी आकाशगंगा को समझ सके हैं। इसके अलावा भी सृष्टि में जो अगणित सितारे और उनके समूह हैं, उनके अस्तित्व का भी हमें ज्ञान हुआ है। हर दिन जो नई-नई खोजें हो रही हैं, उनके कारण हमें लगता है कि हमें सृष्टि के बारे में बहुत कुछ जानना बाकी है। बहुत-से रहस्य हमसे छिपे हुए हैं। हम यह भी जानते हैं कि इन सब आकाशगंगाओं और सितारों में एक गतिशील तालमेल है जो किसी बाहरी शक्ति के अधीन है।

वह शक्ति क्या है?

उसे ही मैं ईश्वर कहता हूँ।

भारत की युवा शक्ति

भारत 2020 तक अपने-आपको एक विकसित राष्ट्र बनाने के मिशन में जुटा हुआ है। जिस संसाधन के बल पर यह मक़सद हासिल होगा, वे हैं पच्चीस वर्ष से कम उम्र के देश के 54 करोड़ नौजवान।

बच्चे और युवक किसी देश के भविष्य की तस्वीर होते हैं। वे हमारे भविष्य के लिए आशा हैं। हमारे समाज का एक महत्त्वपूर्ण, सशक्त और संसाधनों से भरा हुआ वर्ग युवकों का है जिनमें आसमान की बुलंदियों को छू लेने की आकांक्षा धधक रही है। यदि उनकी ऊर्जा को सही दिशा दी जाए तो उससे ऐसी गतिशीलता पैदा होगी जो राष्ट्र को विकास के तेज़ वाहन में दौड़ा देगी। युवकों को अपनी योजना और विकास-प्रक्रिया का केन्द्रबिन्दु मानते हुए हमें इस विशाल और बहुमूल्य मानव संसाधन की देखरेख करने की आवश्यकता है। विकास गतिविधियों में युवकों की आवश्यकताओं, अधिकारों और आकांक्षाओं को अहमियत देना हमारी प्राथमिकता होनी चाहिए।

देश में जन्म लेनेवाले सभी बच्चों को निखरने का मौका दिया जाए। अनाथ बच्चों सहित सभी बच्चों पर अतिरिक्त ध्यान देकर उन्हें सुविधा देना बहुत ही ज़रूरी है।

मैंने भारतीय और विदेशी बच्चों से बातचीत के दौरान देखा कि उनमें एक ही जैसी आकांक्षा है और वह है—शांतिपूर्ण, खुशहाल और सुरक्षित देश में ज़िन्दगी जीना। वे सभी चुनौती भरे मिशन, लाजवाब रोल मॉडल और प्रेरक मन वाले नेताओं की ओर टकटकी लगाए हुए हैं। ज्ञान, उत्साह और कठिन परिश्रम के मेल से युवकों के अन्दर मुल्क की सूरत को बदल देने वाली ज्वाला धधक रही है।

आपको बच्चों से बहुत लगाव है। इसका क्या कारण है?

—आदित्य रमेश, केन्द्रीय विद्यालय, कोच्चि

युवा लोग सपने देखते हैं और प्रश्न पूछते हैं, अपनी उत्सुकता, निष्ठा, कार्यक्षमता, पवित्रता, तथा देश को महान बनाने की इच्छा के कारण उन्हें ढालकर कुछ बनाया जा सकता है।

आज के बच्चों की विशेषताएँ क्या हैं और आपके ज़माने के बच्चों से वे कितने भिन्न हैं?

—योगेश पटेल, केरल

आज के बच्चे मुझे ज्यादा उत्सुक लगते हैं; वे शीघ्र परिणाम चाहते हैं। उनकी इच्छाएँ और महत्त्वाकांक्षाएँ ऊँची हैं। इसी के साथ, वे ज्यादा बुद्धिमान भी हैं।

देश के युवाओं को आपके 2020 तक विकसित भारत के सपने को साकार करने के लिए किस प्रकार स्वयं को तैयार करना चाहिए?

—अंदलीब मिर्ज़ा, यूनिटी कॉलेज, लखनऊ

"विज़न 2020" मेरा लक्ष्य नहीं है। यह तो देश का लक्ष्य है। तुममें से हर कोई अपनी शिक्षा में श्रेष्ठ प्रदर्शन करके इस लक्ष्य को प्राप्त करने में मदद कर सकते हैं। इससे राष्ट्र को श्रेष्ठ डॉक्टर, श्रेष्ठ इंजीनियर, श्रेष्ठ राजनेता, श्रेष्ठ उद्योगपति और श्रेष्ठ मानव उपलब्ध होंगे। इसके अलावा तुम अपने घर और स्कूल के आसपास पाँच वृक्ष लगाकर पर्यावरण को सुधार सकते हो। छुट्टियों में तुम अपने राज्य के ग्रामीण क्षेत्रों में जाकर कम से कम पाँच ऐसे लोगों विशेषकर महिलाओं को पढ़ा सकते हो जिन्हें लिखना-पढ़ना नहीं आता है।

आज के बच्चे मुझे अधिक जिज्ञासु लगते हैं; वे शीघ्र परिणाम चाहते हैं। उनकी इच्छाएँ और महत्त्वाकाँक्षाएँ बहुत ऊँची हैं

आपके विचार से युवाओं में देशभक्ति तथा सेवा भावना उत्पन्न करने के लिए क्या किया जाना चाहिए?

—बी.वी. रूप, बी.ई.एल, बंगलोर

यह समस्या बच्चों की नहीं है, उनके माता-पिता और शिक्षकों की है। बच्चे तो देशभक्त होते ही हैं, वह तो उनके अभिभावकों के लिए है कि वे राष्ट्र के प्रति अपना दृष्टिकोण बदलें। यदि माता-पिता देश से प्यार करेंगे, तो वे अपनी सांस्कृतिक परम्परा को भी आगे बढ़ाने का प्रयत्न करेंगे, और बच्चे स्वयं उनका अनुकरण करने लगेंगे।

भारतीय युवाओं का भविष्य क्या होगा, इस विषय में आप क्या सोचते हैं?

—मुईन फ़ारूक हकाक, सेंट जार्ज कालेज, मसूरी

हमारे देश में युवाओं की संख्या 54 करोड़ है। यह हमारी मूल शक्ति भी है। इन पर सन् 2020 तक भारत को एक विकसित राष्ट्र के रूप में खड़ा करने का दायित्व है। इन्हें मन लगाकर पढ़ना चाहिए और सफलता प्राप्त करना चाहिए। नए कार्य आरम्भ करने की उद्यमशीलता का शिक्षण उनके पाठ्यक्रम का अंग बनाया जाना चाहिए। उनका उद्देश्य यह होना चाहिए कि रोज़गार और नौकरियाँ पैदा करने वाले बनें, न कि माँगने वाले। बड़ी ज़िम्मेदारियाँ आपका इन्तज़ार कर रही हैं—जैसे, देश की नदियों को जोड़ना, 'पुरा' योजना क्रियान्वित करना, और इस सबसे ज्यादा, देश को विकसित देशों की श्रेणी में लाकर खड़ा करना। आप जो भी कार्य जीवन में करें, इसे कर दिखाना आपका मिशन होना चाहिए।

आज के युवाओं का लक्ष्य ऊँची तनख़्वाह के साथ ही भौतिक सुविधाएँ हैं, वे सोलह से अठारह घंटे काम करते हैं, लाखों में कमाते और खर्च करते हैं, फिर भी वे खुश नहीं हैं। उन युवाओं के लिए आपकी क्या सलाह है?

—जेन मेरी, जुबली मिशन मेडिकल कॉलेज,

एण्ड रिसर्च इंस्टीट्यूट, त्रिसूर

तुम्हें सन्तुष्टि की आदत डालनी चाहिए। खुशी विशुद्ध रूप से पैसों से प्राप्त नहीं होती है। खुशी प्राप्त करने के लिए काम में सन्तुष्टि, सम्बन्धों में सन्तुष्टि, योगदान में सन्तुष्टि और सबसे बढ़कर समाज से हमें जो मिला उससे ज्यादा उसे वापस देने की सन्तुष्टि का होना ज़रूरी है।

राजनीति को किस प्रकार अधिक सम्मानजनक बनाया जा सकता है ताकि युवा पीढ़ी इस ओर आकर्षित हो? अच्छे नेता और राजनेता बनने के लिए वे कौन से गुण हैं जिनका हमें विकास करना चाहिए?

—निकिल इसाक मनोहर, सेंट ब्रिटोज़ अकादमी, चेन्नई

किसी भी प्रजातांत्रिक देश की राजनीतिक व्यवस्था राष्ट्र को एक दृष्टि देती है तथा राष्ट्र का विकास इसका मुख्य लक्ष्य होता है जिसके लिए यह विधायिका की सलाह पर विभिन्न कार्यक्रमों एवं योजनाओं को क्रियान्वित करती है। राजनीति के प्रति सम्मान की भावना हम कैसे सुनिश्चित कर सकते हैं? राजनीतिक व्यवस्था 'राजनीतिक राजनीति' और 'विकास की राजनीति' के समान है। विकास की राजनीति का भागफल जितना ज्यादा होगा, उतना ही ज्यादा लोगों में इसके प्रति सम्मान होगा। युवा पीढ़ी को एक अच्छे राजनेता के रूप में अपनी पहचान बनाने के लिए विकास की राजनीति पर अपना ध्यान केन्द्रित करना चाहिए।

घरवालों और शिक्षकों के बढ़ते दबाव, ज्यादा पाठ्यक्रम के भार, तनाव और इससे भी ज्यादा, सामाजिक दुर्बलता की भावना के चलते, यदि हम विशुद्ध विज्ञान के क्षेत्र में प्रवेश करते हैं, तो, आपके विचार में, हम भारत का सपना पूरा कर सकते हैं?

—पी. अरुणा, बंगलोर

वे लोग ही सबसे अधिक सफलता प्राप्त करते हैं, जो दूसरों की राय की परवाह किए बिना, अपनी रुचि का विषय तथा कार्य अपने लिए चुनते हैं।

कृपया हमें कोई प्रेरक सन्देश दीजिए।

—ज्योति, डी.ए.वी. स्कूल, चंडीगढ़

अपने देश के युवाओं के लिए मेरा सन्देश यह है : आप सब अपने मन में अदम्य शक्ति उत्पन्न करें। अदम्य शक्ति के दो अंग हैं। पहला यह, कि आपका एक उद्देश्य होना चाहिए और उसके लिए आप कठिन परिश्रम करें। दूसरा यह, कि कार्य करते हुए आपके मार्ग में कुछ समस्याएँ अवश्य आएँगी। इन स्थितियों में आप समस्याओं को अपने ऊपर हावी न होने दें, बल्कि स्वयं उनपर हावी होने का प्रयत्न करें, उन्हें पराजित करें और सफलता प्राप्त करें। यह हमारा सौभाग्य है कि हमारे देश में युवाओं की संख्या बहुत बड़ी है, और इनके तेजस्वी मन अन्य किसी भी साधन की तुलना में सबसे महत्त्वपूर्ण साधन हैं। ये तेजस्वी मन जब अदम्य शक्ति के साथ काम करेंगे, तो भारत का समृद्ध, सुखी और सुरक्षित भविष्य निश्चित है।

मैं एक ग्यारह वर्ष की लड़की हूँ। किस तरह मैं राष्ट्र की समस्याओं के समाधान में अपना योगदान कर सकती हूँ?

—रताक्षी, डी.पी.एस. इब्तिदा शिक्षा केन्द्र

तुम्हारा पहला काम है अच्छी तरह पढ़ाई करना और पढ़ाई में श्रेष्ठ होना। यदि छुट्टियों में तुम्हारे पास समय हो तो तुम दो ऐसे लोगों को पढ़ा सकती हो जिन्हें लिखना-पढ़ना नहीं आता है। अपने स्कूल या अपने पड़ोस में तुम दो वृक्ष लगाकर उनकी देखभाल कर सकती हो। तुम पानी और बिजली के व्यय को रोक सकती हो। तुम अपने आसपास के पर्यावरण को स्वच्छ और हरा-भरा रखने में अपने परिवार के सदस्यों की मदद कर सकती हो।

वर्तमान युग में साम्प्रदायिक सौहार्द्र और धर्मनिरपेक्षता देश की प्रगति के लिए महत्त्वपूर्ण हैं लेकिन दुर्भाग्यवश वे कहीं पीछे छूटते जा रहे हैं। हम, नई पीढ़ी के विद्यार्थी, लोगों की सोच और परिवेश में किस तरह बदलाव ला सकते हैं?

—मीनू रोज़ामा, जोसेफ़ एम ई टी पब्लिक स्कूल, पेरूम्बावूर

सबसे पहले तो तुम्हें एक प्रबुद्ध नागरिक बनना पड़ेगा। इसके बाद तुम्हें सभी भारतीयों के विचारों में एकता के लिए काम करना चाहिए। जब हर व्यक्ति के साथ बिना किसी भेदभाव के एक समान व्यवहार किया जाएगा तो विचारों में एकता निश्चित रूप से प्राप्त होगी। सिद्धान्त यह है कि सबको प्यार करो, सबकी मदद करो तथा व्यवहार में सिर्फ और सिर्फ देने की आदत डालो।

निष्ठा के साथ काम करो और अपने काम में निष्ठा रखते हुए ही सफलता प्राप्त करो-जीवन का यही आदर्श वाक्य होना चाहिए। पूरे समाज का शांति और सौहार्द्र के साथ प्रगति करने का यही उपाय है

यदि हम विद्यार्थी राष्ट्रप्रेम की गहरी भावना से राजनीति में प्रवेश करते हैं तो हम किस प्रकार आपराधिक पृष्ठभूमि के लोगों के साथ प्रतिस्पर्धा करके जीत सकते हैं?

—सत्या गावड़ी, उस्मानिया मेडिकल कॉलेज, हैदराबाद

हाल के दिनों में मैंने देखा है कि नागरिकों में विकास के प्रति जागरूकता आ रही है तथा विकास के क्षेत्र में उनके द्वारा किए गए प्रदर्शन ही नेताओं और दलों के चुनाव के आधार बनते जा रहे हैं। मुझे पूरा विश्वास है कि शीघ्र ही भारतीय मतदाता ऐसे देशभक्त राजनेताओं की ज़रूरत के प्रति पूरी तरह सजग होंगे जो राष्ट्र और राज्य के विकास पर अधिक ध्यान देते हैं। लेकिन यह भी याद रखो कि इसके लिए तुममें साहस होना जरूरी है :

- अलग हटकर सोचने का साहस
- आविष्कार करने का साहस
- अनजान राहों पर चलने का साहस
- असम्भव की खोज करने का साहस
- समस्याओं से जूझने और सफल होने का साहस।

तुम्हें यह प्रण लेना पड़ेगा कि इस राष्ट्र के युवा के रूप में तुम हर उस लक्ष्य की प्राप्ति के लिए काम करोगे और सफल होओगे जो तुम निर्धारित करते हो।

भविष्य में समाज का नेता बनने के लिए किन गुणों का विकास करने की ज़रूरत है?

—अपूर्वा द्विवेदी, नेशनल इंस्टीट्यूट ऑफ टेक्नोलॉजी, हमीरपुर

तुम्हारा एक लक्ष्य होना चाहिए और उस लक्ष्य को पाने का साहस होना चाहिए। तुममें कोई निर्णय लेने का साहस होना चाहिए, तुम्हें यह मालूम होना चाहिए कि सफलता और असफलता को कैसे संभालना है तथा इस व्यवस्था में उच्चता होनी चाहिए। सबसे बढ़कर तुम्हें निष्ठा के साथ काम करना चाहिए तथा निष्ठा के साथ सफल होना चाहिए।

आज का युवा दोराहे पर खड़ा है। चार मूल्य-प्रणाली प्रचलित हैं—पूर्वजों द्वारा दिए गए मूल्य, माता-पिता द्वारा दिए गए मूल्य, राजनेताओं द्वारा दिए गए मूल्य तथा शिक्षकों द्वारा दिए गए मूल्य। कृपया हमें बताएँ कि हमें किस मूल्य प्रणाली को अपनाना चाहिए?

—अक्षत, एपीजे स्कूल, नोएडा

चार मूल्य-प्रणाली जैसी कोई चीज़ नहीं होती। मूल्य तो व्यापक और सभी में सामान्य होते हैं, चाहे सदाचार हो, निःस्वार्थता हो, देने की आदत हो, पारदर्शिता तथा सभी के साथ समान व्यवहार हो। ये ही वे मूल्य हैं जिनका विकास करना चाहिए और पालन भी।

आप बच्चों और युवाओं पर इतना अधिक ध्यान क्यों दे रहे हैं? क्या आप उन्हें यह सन्देश देना चाहते हैं कि भारत को विकसित राष्ट्र बनाना बहुत आवश्यक है?

—स्टीफेनी, कनेक्टिकट कालेज, अमेरिका

बच्चे हमेशा नया सोचते हैं, उनमें रचनात्मकता होती है, वे हमेशा प्रश्न पूछते हैं, और इसलिए वे देश का भविष्य होते हैं।

भारत की कुल जनसंख्या में 55 प्रतिशत भाग युवाओं का है और हमें युवाओं की शक्ति में विश्वास है। मेरा प्रश्न है कि, सक्रिय राजनीति में भारत के युवाओं की क्या भूमिका है?

—तुषार कात्यायन, सिद्धगंगा इंस्टीट्यूट, तुमकुर

युवाओं को अपने मताधिकार का उपयोग उन नेताओं की सफलता को सुनिश्चित करने के लिए करना चाहिए जो राष्ट्र के विकास पर अपना ध्यान केन्द्रित करते हैं। लोगों को अच्छे और बुरे उम्मीदवार के बारे में शिक्षित करना युवाओं का एक प्रमुख लक्ष्य होना चाहिए। अब तक मैं पचास लाख युवाओं से मिल चुका हूँ और हर मंच पर मैंने यह पूछा कि, कितने लोग राजनीति में प्रवेश करेंगे? राजनीति में प्रवेश करनेवाले लोगों की संख्या धीरे-धीरे बढ़ती जा रही है। उनमें से कुछ विशिष्ट उत्तर जो मुझे इस प्रश्न—आप राजनीति में क्यों जाना चाहते हैं?—के जवाब में मिले, मैं आपके साथ बाँटना चाहूँगा—जालंधर की एक लड़की ने कहा कि राजनीति में प्रवेश करने के पीछे उसका मुख्य उद्देश्य देश से जातिवाद को समाप्त करना है। लखनऊ की एक लड़की ने बताया कि वह राष्ट्र के दर्शन को प्रोत्साहित करेगी और फिर उसे लक्ष्य तथा राष्ट्र के विकास की समयबद्ध परियोजनाओं में परिवर्तित करेगी।

भारत की वर्तमान पीढ़ी के युवाओं और प्रोफेशनलों के बारे में आपके क्या विचार हैं?

—सुजीथ वर्गीज अब्राहम, त्रिवेन्द्रम

पिछले सात वर्षों में मैं पचास लाख से ज्यादा युवाओं से मिल चुका हूँ और प्रतिदिन मुझे अनेक युवाओं के ई-मेल प्राप्त होते हैं। वे उत्साह से भरे होते हैं। हमें उन्हें शिक्षा तथा मूल्य व्यवस्था के माध्यम से समर्थ और शक्तिशाली बनाना चाहिए।

आप अगला राष्ट्रपति किसे बनाएँगे?

—नीलकंठ पटेल, तेजस विद्यालय, वडोदरा

आपको...तैयार हो जाइये!

सफलता की राह पर

विकसित भारत के मिशन में आनेवाली चुनौती का सामना करने के लिए युवकों के अदम्य साहस, संकल्पशक्ति और सम्मिलित प्रयास की आवश्यकता है। कोई राष्ट्र अपने नागरिकों के सोचने-समझने के तौर-तरीकों से महान बनता है। खासकर भारत की युवा पीढ़ी के सामने महान उद्देय होना चाहिए। छोटे-मोटे लक्ष्यों में अपने-आपको सीमित कर लेना गुनाह जैसा है। वर्तमान शिक्षा प्रणाली छात्रों पर काम का बोझ बढ़ा रही है किन्तु यह उन्हें सपने देखने से वंचित न करे।

बच्चों का हौसला बढ़ाएँ कि वे अपने लिए सपने देखें। जब तक वे सपने नहीं देखेंगे तब तक वे उन्हें साकार करने के लिए प्रेरित नहीं होंगे। धीरे-धीरे आप महसूस करेंगे कि उचित प्रयास से सपने सोच में बदल जाते हैं। प्रयास और परिश्रम से यह सोच सक्रियता में बदल सकती है। सफलता तभी मिलती है जब हम सक्रिय बने रहते हैं। 'सपने-सोच-सक्रियता' ऐसा मूलमंत्र है जिसे मैं हर छात्र के दिल में पिरोना चाहता हूँ।

एक राष्ट्रपति के रूप में और इससे पहले एक वैज्ञानिक के रूप में, मैंने जीवन में तीन महत्त्वपूर्ण बातें सीखीं—ज्ञान, परिश्रम और प्रयास।

हमारे देश का बहुत ही सुनहरा भविष्य है। जो कल के नेता बनेंगे, खासकर बच्चों को कठिन परिश्रम करना है। ऐसा करने से विकसित भारत का लक्ष्य खुद-ब-खुद प्राप्त हो जाएगा। यह हमें कोई उपहार में नहीं देगा बल्कि हमने जो अपने लिए लक्ष्य तय किया है उसे हासिल करने के लिए हमें दिन-रात मेहनत करनी होगी। अपने खून-पसीने की बदौलत ही हम भारत को विकसित देशों की कतार में खड़ा कर सकेंगे। यदि भारत को 2020 तक एक विकसित देश बनना है तो हमें यह सफ़र अपने युवकों के बल पर ही तय करना होगा।

व्यक्ति को अपने स्वप्न पूर्ण करने चाहिए अथवा दूसरों की उससे की गई अपेक्षाएँ?

—लिप्सा हेबराम, भुवनेश्वर

किसी व्यक्ति के स्वप्न उसके जीवन का उद्देश्य होते हैं। उसे वही करना चाहिए, जो वह स्वयं करना चाहता है।

आपके विचार में सफल जीवन के लिए किन सिद्धान्तों का होना आवश्यक है?

—सिजिन ज्वॉय, सेंट जोसेफ को-एड स्कूल, भोपाल

सम्बद्ध ज्ञान की प्राप्ति, रचनात्मकता का विकास, जीवन के सभी क्षेत्रों में सही रास्ते पर चलना तथा अपने सपने को साकार करने का साहस जीवन में सफल होने के लिए आवश्यक है।

मैं एक आदर्श व्यक्ति कैसे बन सकता हूँ?

—मिथुन और एशले, रामकृष्ण मिशन स्कूल, विजयवाड़ा

अच्छी किताबों, अच्छे शिक्षक, अच्छे इंसान और अच्छे दोस्तों से जुड़कर।

अपने भीतर की श्रेष्ठता को प्रदर्शित करने के लिए क्या जीवन में कठिनाइयों का होना आवश्यक है?

—मैत्री, एम.पी. महाजन एजुकेशन सोसाइटी, मैसूर

अपने भीतर के श्रेष्ठ गुणों को प्रदर्शित करने के लिए हमें अपने काम से प्यार करना चाहिए और उत्साह और लगन के साथ काम करना चाहिए। इन परिस्थितियों में कोई कठिनाई नहीं है।

जीवन में आपकी महत्त्वाकांक्षा क्या थी और क्या इसे आप प्राप्त कर सके?

—राज डोगरा, ऊधमपुर

जीवन में कोई भी उपलब्धि अन्तिम नहीं होती। यह अनन्त होती है। व्यक्ति एक मिशन से दूसरे की ओर बढ़ता चला जाता है। कभी आपको सफलता प्राप्त हो जाती है, तो कभी नहीं होती, लेकिन आप अपने उद्योग में लगे रहते हैं और गिरते-चढ़ते आगे बढ़ते चले जाते हैं। यही जीवन है।

अन्त में "जीवन" क्या है? इसका सार क्या है? एक इंसान को खुश रहने के लिए अपने जीवन की व्याख्या किस तरह करनी चाहिए?

—वरुण यादव, उस्मानिया मेडिकल कालेज, हैदराबाद

प्यार और हर किसी के साथ बिना किसी भेदभाव के प्यार से व्यवहार करना ही जीवन का सार है। यही इंसान के जीवन की खुशी को सुनिश्चित करेगा। मान लो कि इंसान का औसत जीवन लगभग 27000 दिन है। हर दिन हमारे जीवन का लघु रूप है। 27000 दिनों की एक माला बना लो और इसमें हर दिन को एक बहुमूल्य मोती की तरह गिनो। इसका अर्थ यह हुआ कि तुम्हें हर दिन समाज के लिए उपयोगी बनने के उद्देश्य से बिताना चाहिए। तुम पाओगे कि देने से कितनी खुशी मिलती है।

एक सफल व्यक्ति बनने के लिए नैतिक, सदाचारी और आध्यात्मिक होना कितना ज़रूरी है?

—जेनीफर जैकब, सेंट ज़ेवियर्स कॉलेज, मुम्बई

निष्ठा के साथ काम करो और निष्ठा के साथ सफल होओ—जीवन का आदर्श वाक्य होना चाहिए। पूरे समाज की शान्ति और सौहार्द्र के साथ प्रगति करने का यही एक उपाय है।

हर कोई हमें कुछ-न-कुछ उपदेश देता है। कोई कहता है कि हमें अनुशासन का पालन करना चाहिए, कोई कहता है कि हमें पढ़ना चाहिए, ईमानदार होना चाहिए, मेहनती होना चाहिए, वगैरह, वगैरह। ये सब बातें महत्त्वपूर्ण हैं, लेकिन बच्चों के लिए सबसे महत्त्वपूर्ण बात क्या है?

—धर्म मेहता, सेंट फ्रांसिस स्कूल, मुम्बई

बच्चों के लिए सबसे महत्त्वपूर्ण बात यह है कि वे अपने प्रति ईमानदार बनें और दूसरों के प्रति करुणा की भावना रखें। इससे वे जाग्रत नागरिक बन सकेंगे।

आपके अनुसार 'उपलब्धि' क्या है?

—अभिषेक शेट्टी, बंगलोर

उपलब्धि वह है जो आपको सुख और पूर्णता की भावना दे।

आपकी सफलता का रहस्य क्या है?

—एस. सुकन्या, लेडी डोआक कॉलेज, मदुरै

सपने देखो, मेहनत करो और लगे रहो। आपके जीवन में उद्देश्य अवश्य होना चाहिए। उसे प्राप्त करने के लिए कड़ी मेहनत करो। कार्य करते हुए आपके मार्ग में समस्याएँ भी अवश्य आएँगी लेकिन साहस से उनका सामना करो और सफलता प्राप्त करो। यदि ईश्वर हमारे साथ है तो हमें कौन रोक सकता है?

वे लोग ही सबसे अधिक सफलता प्राप्त करते हैं, जो दूसरों की राय की परवाह किए बिना, अपनी रुचि का विषय तथा कार्य अपने लिए चुनते हैं

कठिन श्रम और भाग्य से प्राप्त सहायता—इनमें से क्या ज़्यादा जरूरी है?

—जोशी भूमि, कोटक कन्या विनय मन्दिर, राजकोट

पहली चीज़ है कठिन श्रम। आप परिश्रम करेंगे तो भाग्य भी आपकी सहायता करेगा। मशहूर कहावत है : 'ईश्वर उनकी सहायता करता है जो अपनी सहायता स्वयं करते हैं।'

सपने...सपने...सपने। लेकिन आप सपनों को हकीकत में कैसे बदलते हैं? हम सभी कठिन परिश्रम, ईमानदारी, समय-प्रबन्धन इत्यादि के बारे में तो जानते हैं लेकिन आप असफलता के डर पर कैसे नियंत्रण पाते हैं? भरोसा कैसे बनाते हैं?

—प्रतीक कुमार, सिद्धगंगा इंस्टीट्यूट ऑफ टेक्नोलॉजी, टुमकुर

ज्ञान की प्राप्ति से ही तुम्हारे अंदर विश्वास आएगा। हमें असफलता से नहीं डरना चाहिए। हमें हर असफलता से शिक्षा लेनी चाहिए और जीवन में उसका प्रयोग करना चाहिए। इससे तुम्हारी सफलता का मार्ग प्रशस्त होगा। अपने काम पर ध्यान देने से तुम्हारा आलस्य दूर होगा।

कहते हैं कि वैज्ञानिकों के दिमाग बहुत तेज़ होते हैं। हमें अपने दिमाग ऐसे ही तेज़ बनाने के लिए क्या करना चाहिए? वैज्ञानिक बनने के लिए हमें क्या कदम उठाने चाहिए?

—रेणुकुमारी, एस.के.वी.

उत्सुक बनो, प्रश्न पूछो और मेहनत करो, बाकी सब अपने-आप होने लगेगा।

आपको यह ज्ञान कब हुआ कि आप नेता हैं?

—के. स्पंदन रेड्डी, हैदराबाद

किसी के नेतृत्व गुण का ज्ञान दूसरों को होता है, मुझे कैसे हो सकता था!

सफल बनने के लिए व्यक्ति को क्या उपलब्धियाँ प्राप्त करने का प्रयत्न करना चाहिए?

—बॉबिन विश्वास, कोलकाता

ये हर व्यक्ति के लिए अलग होती हैं। कोई भी वह काम जिसमें चुनौतियाँ हों और जिसे कोई भी कर न पाया हो, उसे कर लेने वाले को मैं सफल व्यक्ति कहूँगा।

क्या आप हमें 'समय-प्रबन्धन' के कुछ उपाय बताएँगे?

—मास्टर मोहम्मद ग़ाज़ी, एस.टी.एस. हाई स्कूल, अलीगढ़

जैसा कि तुम सब जानते हो पृथ्वी दिन में एक बार अपनी धुरी पर घूमती है अर्थात् चौबीस घंटे में एक बार या 1440 मिनट में एक बार या 86400 सेकेंड में एक बार। पृथ्वी सूर्य की परिक्रमा भी करती है लेकिन इस चक्कर को पूरा करने में उसे लगभग एक वर्ष का समय लगता है। पृथ्वी का सूर्य का एक चक्कर पूरा करने के साथ ही तुम्हारी आयु एक वर्ष बढ़ जाती है। सेकेंड, मिनट, घंटे, दिन और वर्ष बीतते जाते हैं और हमारा इन पर कोई नियंत्रण नहीं है। एकमात्र काम जो हम कर सकते हैं वह यह है कि हम समय का सदुपयोग करें। याद रखो, "समय को व्यर्थ बर्बाद न करो।"

आप कर्म में विश्वास करते हैं या भाग्य में?

—आनन्दप्रकाश, सरस्वती विद्या मन्दिर, मुंगेर

आज हम जो हैं, वह हमारा भाग्य है। कल जो होंगे, वह हमारे आज के कर्म तय करेंगे।

सपने देखने और योजना बनाने में क्या अन्तर है?

—आर. साथिया बामा, तारापोर लोगानाथन गर्ल्स हायर सेकेंड्री स्कूल, चेन्नई

सपने देखने से जीवन में एक लक्ष्य एवं उद्देश्य मिलता है। यह लक्ष्य हमें आवश्यक ज्ञान प्राप्त करने, कठिन परिश्रम करने और अपने लक्ष्य की प्राप्ति के लिए दृढ़ रहने के लिए प्रेरित करता है। योजना एक ऐसी व्यवस्था है जिसके माध्यम से हम अपनी कोशिशों को अपने लक्ष्य एवं उद्देश्य की प्राप्ति के लिए उपयोग करते हैं।

जैसा कि एक बार आपने कहा कि जीवन अनसुलझी समस्याओं, अस्पष्ट विजयों और अव्यवस्थित पराजयों का मिश्रण है। इसलिए जीवन में हतोत्साहित होने पर हमें क्या करना चाहिए?

—अखिल राधाकृष्णन, एम.ई.टी. पब्लिक स्कूल, पैरूम्बापूर

तुम्हें जीवन में कभी भी हतोत्साहित नहीं होना चाहिए। जब कभी भी समस्याएँ उत्पन्न हों तो तुम्हें उन पर नियंत्रण होना चाहिए। तुम्हें उन समस्याओं पर विजय प्राप्त करने में सफल होना है।

आपके विचार में एक सफल नेता बनने के लिए किन गुणों का होना आवश्यक है?

—लव जैन, एस.आर.एम. यूनिवर्सिटी, कांचीपुरम

एक अच्छा नेता बनने के लिए तुम्हें इन गुणों का विकास करना चाहिए : जिज्ञासा, रचनात्मकता, एकाग्रता, चरित्र, साहस, करिश्मा, सामान्य बुद्धि, कुशलता और विश्वास।

जब आप देश के राष्ट्रपति थे तब भी आप बच्चों के अनेक कार्यक्रमों में सम्मिलित होने के लिए समय निकाल लेते थे। आपके लिए समय-प्रबन्ध का क्या अर्थ है?

—वन्दना, हीरा पब्लिक स्कूल

समय बहुमूल्य है। यह एक ऐसा संसाधन है जिस पर तुम्हारा कोई नियंत्रण नहीं है। लेकिन तुम उन अच्छे कामों को करने में, जो तुम करना चाहते हो, समय का उपयोग कर सकते हो। इसी को समय-प्रबन्धन कहते हैं।

हमें बार-बार यह कहा जाता है कि सीखना जीवन-भर चलने वाली लम्बी प्रक्रिया है। फिर भी, एक बार जब हम काम करना शुरू करते हैं तो फिर अपने क्षेत्र में हो रही घटनाओं के साथ तालमेल बिठाना कठिन हो जाता है। कृपया हमें बताएँ कि हम किस तरह पूरा जीवन सीखते रहें?

—प्रिया गुप्ता, एलायंस बिज़नेस स्कूल, बंगलौर

हाँ, सीखना जीवन-भर चलने वाली लम्बी प्रक्रिया है। जब तुम अपने कैरियर की शुरुआत करते हो तो हर बार तुम्हें एक नई परिस्थिति का सामना करना होता है। उस परिस्थिति का सामना करने के लिए पुराने रास्ते के बजाय नए तरीके ढूँढ़ने की कोशिश करो। इससे तुम्हारे ज्ञान में वृद्धि होगी। इस तरह के ज्ञान की प्राप्ति से मनुष्य पूरा जीवन सीखता रहता है।

अपने जीवन की सभी कठिनाइयों का सामना करने के लिए आपने इतनी शक्ति किस तरह विकसित की?

—श्रेया सुराना, जमनाबाई नरसी स्कूल, मुम्बई

ज्ञान की प्राप्ति और हर प्रकार की सम्भावित घटनाओं के लिए तैयार रहने से ही शक्ति का विकास होता है।

किसी भी महान व्यक्ति को बोलते हुए सुनना वास्तव में प्रेरणादायक होता है लेकिन अधिकांश महान व्यक्तियों तक आम आदमी की पहुँच नहीं हो पाती है। क्या कोई तरीका है जिससे इस समस्या का समाधान ढूँढ़ा जा सकता है?

—मंजिमा सैकिया, कमला नेहरू कॉलेज, नई दिल्ली

तुम महान व्यक्तियों द्वारा लिखी किताबों को पढ़कर इंटरनेट तथा उनके बारे में अपने शिक्षकों से प्रश्न करके महान व्यक्तियों के विचारों के बारे में जानकारी प्राप्त कर सकते हो।

आपका सपना भारत को 2020 तक एक विकसित देश बनाना है। लेकिन चूँकि हम भ्रष्टाचार, उग्रवाद तथा कुशासन जैसी समस्याओं की जकड़ में हैं और ये समस्याएँ दिन-प्रतिदिन बढ़ती ही जा रही हैं, हम इस सपने को कैसे सच कर सकते हैं?

—प्रदीप पी.एस., मार इवानियस कॉलेज, त्रिवेन्द्रम

यदि 54 करोड़ युवा इस भावना के साथ काम करें "मैं यह कर सकता हूँ", "हम यह कर सकते हैं" और "भारत यह कर सकता है", तो भारत को विकसित देश बनने से कोई नहीं रोक सकता।

समय अनमोल है। यह एक ऐसा संसाधन है जिस पर किसी का नियंत्रण नहीं है, लेकिन अगर इसका सोच-समझकर इस्तेमाल किया जाए तो वे सभी कार्य आसानी से किए जा सकते हैं, जिन्हें आप करना चाहते हैं

आप जो भी करते हैं उनमें कठोर अनुशासन का पालन करना क्यों पसन्द करते हैं?

—साईयामी टाकाले, संस्कृति स्कूल, पुणे

सफल होने का यही एक उपाय है।

आपने अपनी असफलताओं पर किस तरह विजय पाई?

—एम. शोबना, त्यागराज पॉलिटेक्निक कॉलेज, सलेम

पूर्ण समर्पण के साथ दृढ़ रहकर।

जीवन में सफलता प्राप्त करने के लिए रचनात्मकता कितनी महत्त्वपूर्ण है?

—डी. सूर्यकुमार, हरी ओम मैट्रिकुलेशन स्कूल, पलायम

कोई भी ऐसा काम जिसके लिए तुम खुद को याद किया जाना चाहोगे, के लिए रचनात्मकता महत्त्वपूर्ण है।

आप आदर्श मनुष्य हैं। कृपया हमें बताएँ कि अच्छा मनुष्य कैसे बनना चाहिए?

—अभिलाष वर्मा, पुलिस माडर्न स्कूल, इटावा

परिश्रम और आध्यात्मिकता को विज्ञान भावना से जोड़कर आप अच्छे मनुष्य बन सकते हैं।

वर्तमान समय में उच्च शिक्षा तथा शोध की सुविधाएँ उत्तम छात्रों को ही प्राप्त होती हैं। प्रतियोगिता की इस स्थिति में आगे बढ़ने के लिए सामान्य योग्यता के छात्र क्या करें?

—आत्रेयी दास गुप्त, विश्वभारती यूनिवर्सिटी, कोलकाता

पहले कदम के रूप में आपको यह करना चाहिए कि अपने को सामान्य योग्यता का मानना समाप्त कर दें। प्रत्येक छात्र की अपनी विशेषता होती है। उसे पहचानने का प्रयत्न करें। उस पर ध्यान केन्द्रित करें और परिश्रम करें। मुझे विश्वास है कि इस प्रकार आप अपने चुने हुए क्षेत्र में अवश्य सफलता प्राप्त करेंगे।

आज की दुनिया में परीक्षा में प्राप्त नम्बर ही हमारी योग्यता और चरित्र का पैमाना माने जाते हैं। ऐसी स्थिति में सिद्धान्तवादी व्यक्ति क्या करें?

—विश्वनाथन, संगीता एस., सेंट मेरीज़ स्कूल, राजकोट

नम्बर तो किसी विषय में व्यक्ति की जानकारी का संकेत मात्र होते हैं, ये उसके चरित्र का परिचायक नहीं हैं। अच्छे नम्बरों के साथ आपको अपने जीवन में अच्छे नैतिक सिद्धान्त और ज़िम्मेदार नागरिक के गुण भी विकसित करना चाहिए।

आपने राकेट चलाने तथा आकाश पर विजय प्राप्त करने में सफलता प्राप्त की है। यह बताएँ कि दिमागों को जीतने और आकाश को जीतने में ज्यादा महत्त्वपूर्ण क्या है।

—अभिलाष के., मुम्बई

मेरी यह इच्छा कभी नहीं रही कि आकाश पर या दिमाग़ों पर विजय प्राप्त करूँ। मेरा उद्देश्य हमेशा यह रहा है कि प्रत्येक व्यक्ति की क्षमता और उसके दिमाग़ की शक्ति का राष्ट्र की उन्नति में किस प्रकार उपयोग किया जाए।

कलाम के साथ

मानव मन कुदरत की एक अनोखी देन है। सोचने-विचारने की शक्ति को अपनी पूँजी मानकर चलें, भले ही ज़िंदगी में कैसे भी उतार-चढ़ाव क्यों न आएँ। चिंतन ही प्रगति है। चिंतन से रहित होना किसी व्यक्ति, संस्था और देश के लिए विनाशकारी होता है। चिंतन या विचार से जीवन में सक्रियता आती है। बिना सक्रियता वाला ज्ञान बेकार और बेमानी है। ज्ञान के साथ सक्रियता भी हो तो खुशहाली आती है।

इसमें कोई शक नहीं कि हर इंसान के दिमाग में सृजनशीलता के बीज मौजूद होते हैं, किंतु उन्हें अंकुरित और अभिव्यक्त करने के लिए मन से प्रयास करना पड़ता है। हर एक इंसान सृजनशील है, हर मन में जिज्ञासा होती है और हमें चाहिए कि जब कोई बच्चा प्रश्न करे तो हम उसकी जिज्ञासा को ज़रूर शान्त करें। शिक्षकों और माता-पिता की यह बुनियादी ज़िम्मेदारी है। यदि बचपन में ही ऐसा किया जाए तो सृजनशीलता पोषित होगी और बच्चों का बौद्धिक विकास होगा।

सृजनशीलता मानव-चिंतन का आधार है। चाहे कितनी भी गति और स्मृति वाले कम्प्यूटर विकसित हो जाएँ, मानव चिंतन का स्थान हमेशा सबसे ऊपर रहेगा। सृजनशीलता जैसा गुण इन्सान में सदा मौजूद रहेगा और प्रौद्योगिकी से प्राप्त होने वाली व्यापक गणन क्षमता जैसा मज़बूत हथियार इन्सान के पास होगा। उसका उपयोग वह इस दुनिया को और खूबसूरत बनाने की अपनी योजना को साकार करने में करेगा।

आप जब भारत के राष्ट्रपति बने, तब आपकी भावनाएँ क्या थीं, और उस समय आपको किसकी याद आई?

—पार्वती, सिकंदराबाद

जनता ने मुझमें यह विश्वास व्यक्त किया, यह देखकर मैं द्रवित था। मैंने सोचा कि मुझे उनकी आशाओं पर खरा उतरना चाहिए, इसलिए मैंने भारत को विकसित राष्ट्रों की श्रेणी में खड़ा करने के अपने मिशन में अपने को फिर से लगा देने का निश्चय किया। मुझे अपनी माँ, पिता और अध्यापकों की, तथा उन व्यक्तियों की याद आई जिन्होंने मेरे जीवन के अनेक कार्यों में मेरी सहायता की थी।

भारत के राष्ट्रपति तथा डी.आर.डी.ओ. (डिफेंस रिसर्च एण्ड डेवलपमेंट आर्गनाइज़ेशन) में एक वैज्ञानिक, इन दोनों स्थितियों में आपको क्या अन्तर महसूस होता है?

—आशीष, आर.पी.वी.वी., वसंतकुंज, दिल्ली

इन दोनों स्थितियों में परिश्रम करना पड़ता है, इसलिए कोई विशेष अन्तर महसूस नहीं होता।

संसार के सबसे बड़े लोकतन्त्र के जिसमें दुनिया की आबादी के छठे हिस्से के बराबर लोग रहते हैं सर्वोच्च पदाधिकारी होने पर आपको कैसा लगता है? यह आपके लिए भारी ज़िम्मेदारी है अथवा ऐसा सुवर्ण-अवसर जो देश की नीतियों में योगदान कर सकता है?

—सुरजीत बख्शी, दिल्ली पब्लिक स्कूल, चंडीगढ़

मैं बहुत अच्छा महसूस करता हूँ। दायित्व और योगदान दोनों साथ-साथ चलते हैं।

विज्ञान तथा तकनीकी की पृष्ठभूमि में से आने के कारण भारत के राष्ट्रपति की सम्मानजनक भूमिका में आपको क्या सहज-स्वाभाविक महसूस होता है? मैं यह इसलिए पूछ रहा हूँ क्योंकि संसद के इन सदस्यों के साथ, जिनमें से अनेक अपराध की दुनिया से आते हैं और यहाँ प्रवेश पाने के लिए अपराध ही जिनकी विशेष योग्यता मानी जाती है, वैज्ञानिक वातावरण से आए आपको कभी-न-कभी कुछ परेशानी तो महसूस हुई ही होगी।

—विनय दीपक, एच.एस., इंडियन इंस्टीट्यूट ऑफ़ साइंस, बंगलोर

आपका यह प्रश्न सुनकर 2200 वर्ष पहले संत कवि तिरुवल्लुवर द्वारा लिखे 'तिरुक्कुरल' का एक वचन याद आ गया, जिसमें कहा गया है कि नदी, झील या तालाब कितना भी गहरा क्यों न हो, उसका जल कैसा भी गन्दा क्यों न हो, कुमुदिनी हमेशा उससे बाहर निकलती और खिलती है। इसी प्रकार यदि आपका निश्चय दृढ़ हो तो असम्भव स्थितियों में भी आपको सफलता अवश्य प्राप्त होगी।

सन्तुलन, आत्मसंयम और आशावाद, जो आपके जीवन में इतना स्पष्ट है, को प्राप्त करने के लिए आप क्या करते हैं?

—जयती दोषी, द इंटरनेशल स्कूल, बंगलौर

मैं हमेशा अपने-आपको किसी न किसी काम में व्यस्त रखता हूँ।

आप क्या चाहते हैं कि लोग आपको किस रूप में याद करें-भारत के राष्ट्रपति के रूप में या एक वैज्ञानिक के रूप में?

—नमिता, मंगलोर

अच्छे व्यक्ति के रूप में।

आपको एक और जीवन मिले तो आप क्या बनना चाहेंगे—भारत का राष्ट्रपति या वीणावादक, जिसे बजाना आपको बहुत पसन्द है?

—दीपंकर पाधा, नवल पब्लिक स्कूल, नई दिल्ली

दूसरा जीवन मिले तो मैं अध्यापक बनना चाहूँगा—राष्ट्रपति बनने से पहले भी मैं अध्यापक था और इसके बाद भी अध्यापक बनना चाहूँगा।

भारत के राष्ट्रपति के रूप में, सबसे कठिन निर्णय क्या थे, जो आपने लिये?

—मो. ज़ियाउल्लाह, इंडियन इंस्टीट्यूट ऑफ इन्फार्मेशन टेक्नोलॉजी, इलाहाबाद

'लाभ के पद का विधेयक' को संसद को वापस लौटाना सबसे कठिन निर्णय था। मैंने इसे वापस कर दिया और इसे अपनी स्वीकृति तभी दी जब संसद द्वारा इसके अध्ययन के लिए एक समिति नियुक्त की गई।

आपको श्रेष्ठ वैज्ञानिक बनने की प्रेरणा कहाँ से प्राप्त हुई?

—स्मृति, केन्द्रीय विद्यालय, आर.के.पुरम., नई दिल्ली

तीन व्यक्तियों ने जीवन में मुझे प्रेरणा दी और उसे एक मिशन दिया। पहले थे रामेश्वरम के स्कूल में पाँचवीं कक्षा के शिक्षक, जिनका नाम था श्री शिवसुब्रह्मण्य अय्यर। उन्होंने मुझे जीवन का यह मिशन दिया कि उड़ने के बारे में जो भी सम्भव हो, सीखूँ। दूसरे व्यक्ति जिन्होंने मुझे प्रेरित किया, वे थे प्रो. सतीश धवन। उन्होंने मुझे सिखाया कि समस्याओं से भयभीत नहीं होना चाहिए और उनपर विजय प्राप्त कर अपने लक्ष्य तक पहुँचना चाहिए। तीसरे व्यक्ति थे डॉ. विक्रम साराभाई जिन्होंने मुझे अपना विज़न विकसित करने की शिक्षा दी।

बचपन में क्या कभी सोचा था कि आप राष्ट्रपति पद पर पहुँचेंगे? यदि हाँ, तो इसे प्राप्त करने के लिए आपने क्या किया?

—सुरखि बालकृष्णन, ए.आई.सी.टी., अमृतपुरी

बिलकुल नहीं।

इस पद पर पहुंचने के लिए एक ही मंत्र था श्रम, श्रम, श्रम। यह उपलब्धि मेरे बहुत सारे कार्यों का परिणाम थी।

जब आपको 'भारत-रत्न' से सम्मानित किया गया तो आपकी क्या भावना थी? मैं 'भारत-रत्न' कैसे प्राप्त कर सकता हूँ?

—चौ. साईराम, रामकृष्ण मिशन स्कूल, विजयवाड़ा

मेरे जीवन की अनेक घटनाओं में से 'भारत-रत्न' का मिलना भी एक घटना थी। तुम 'भारत-रत्न' के बारे में चिन्ता मत करो। जो भी श्रम करो पूरी लगन से करो, कठिन परिश्रम करते रहो, दाता बनो, जहाँ तक सम्भव हो दूसरों की सेवा करो, तुम एक सफल और सन्तुष्ट व्यक्ति बन जाओगे।

राष्ट्रपति के रूप में आपका पाँच वर्ष का कार्यकाल अत्यन्त घटनापूर्ण एवं गौरवपूर्ण रहा। राष्ट्रपति के पद से विमुक्त होने के बाद वह क्या चीज़ है जिसकी आपको सबसे ज्यादा कमी महसूस होती है?

—अनुपमा एस., अमाला इंस्टीट्यूट ऑफ मेडिकल साइंसेज़, त्रिसूर

कुछ भी नहीं।

अपनी दौड़-भाग की दिनचर्या के बीच और अनेक समस्याओं से घिरे होने के बावजूद, हमेशा आपके चेहरे पर मुस्कान होती है। इसके पीछे क्या 'मंत्र' है?

—मालिनी अजायान, जुबली मिशन मेडिकल कॉलेज एण्ड रिसर्च इंस्टीट्यूट, त्रिसूर

हमेशा वर्तमान में ही जीना।

वैज्ञानिक के रूप में आपकी राय और राष्ट्रपति के रूप में आपकी राय— आपके प्रिय विषयों के सम्बन्ध में—इन दोनों में क्या कोई अन्तर हुआ या होता है?

—स्वाति पंडा, गवर्नमैंट गर्ल्स हाई स्कूल, बरला

मेरे विचारों का विकास मेरे विविध संस्थाओं और विविध स्थितियों में कार्य करने के अनुभवों से हुआ है। यह विकास ही वह आधार है जिसके अनुसार मैं विविध विषयों पर मत व्यक्त करता हूँ।

यदि ईश्वर आपके सामने प्रकट हो जाए तो आप उससे क्या माँगेंगे।

—एस. वेंकटकृष्ण, अल्फा ग्रुप ऑफ़ स्कूल्स, त्रिची

मैं सर्वशक्तिमान परमात्मा से प्रार्थना करूँगा कि राष्ट्र को ऐसे परिश्रमी और ज्ञान सम्पन्न व्यक्ति प्रदान करें जो उसे आर्थिक रूप से सुदृढ़ बना सकें।

स्कूल में आपका प्रिय विषय क्या था और क्यों?

—अभिनव, एयर फोर्स स्कूल, पठानकोट

विज्ञान मेरा प्रिय विषय था। इससे मुझे यह जानने में मदद मिलती थी कि प्रकृति कैसे काम करती है।

अपने बचपन की कोई ऐसी घटना बताएँ जिसे भुलाना सम्भव न हो।

—आर. अरविन्द, चेन्नई

जब मैं पाँचवीं कक्षा में था, तब मेरे एक अध्यापक थे, श्री सुब्रह्मण्य अय्यर। उन्होंने पक्षियों का उड़ना इस तरह समझाया, और रामेश्वरम के समुद्र तट का ऐसा दृश्य खींचा, कि यह मुझे आज तक याद है। इनसे मुझे विज्ञान के क्षेत्र में जाने की प्रेरणा मिली।

क्या हमारे साथ आप अपने जीवन के किसी ऐसे क्षण को बाँटना चाहेंगे जब आपको यह लगा हो कि आप असफल हो गए, लेकिन बाद में आपने अपनी शक्ति पुनः प्राप्त की?

—प्रिंसी, के.वी. फाउंडेशन डे ऑफ उरिवी विक्रम चैरिटेबल ट्रस्ट, दिल्ली

ऐसी घटना तब घटी थी जब मैं भारतीय वायु सेना के लिए इंटरव्यू के लिए गया था। कुल नौ अभ्यर्थियों में से आठ का तो चुनाव हो गया। मैं नवाँ था। उस समय मैं बहुत निराश हो गया था लेकिन बाद में जब मैं दिल्ली आया और यहाँ मुझे डी.टी.पी. एंड ए. में काम करने का मौका मिला तब मैं अपनी निराशा से उबर पाया।

संकुचित मानसिकता मतभेदों को जन्म देती है, जबकि सोच के खुलेपन से नए दृष्टिकोण का विकास होता है, जिससे मतभेद स्वतः ही दूर हो जाते हैं

आप अपने अध्यापकों को किस नज़र से देखते हैं? आपके इस मुकाम तक पहुंचने में किन अध्यापकों का विशेष योगदान रहा है? उनका जिन्होंने आपको अनुशासन में रहना सिखाया या उनका जिन्होंने आपको पढ़ाया?

—कुमारी स्मिता, गुलबर्गा

मैं अपने सब अध्यापकों का आदर से स्मरण करता हूँ। मेरे पिता पहले शिक्षक थे जिन्होंने मुझे अनुशासन और जीवन के मूल्य सिखाए। मेरे प्राइमरी के शिक्षक श्री सुब्रह्मण्य अय्यर ने मुझे एरोनॉटिक्स में जाने की प्रेरणा दी। मुझे प्रभावित करने वाले और मेरे जीवन को रूप देने वाले ये पहले शिक्षक थे।

मैं कक्षा VI का विद्यार्थी हूँ। जब आप कक्षा VI में थे तो आप कैसे थे?

—समृद्ध सिंह, दिल्ली पब्लिक स्कूल, नोएडा

जब मैं तुम्हारी उम्र का था तो द्वितीय विश्वयुद्ध चल रहा था। रामेश्वरम में मेरे परिवार के लिए यह कठिन समय था। खाने-पीने की चीज़ों से लेकर कपड़े, घरेलू सामान, हर चीज़ की कमी थी। परिवार में पाँच लड़के और पाँच लड़कियाँ थीं। उनमें से तीन—मेरे पिता और उनके दो छोटे भाइयों के परिवार थे। किसी भी समय घर में तीन पालने होते थे। घर में भी कभी खुशी और कभी दुःख का माहौल होता था। मेरी माँ और दादी पूरे परिवार की व्यवस्था करती थीं।

मैं अपने शिक्षक श्री स्वामीयर के पास गणित पढ़ने के लिए प्रातः चार बजे जग जाता था। वे एक अद्वितीय गणित-शिक्षक थे। वे निःशुल्क ट्यूशन पढ़ाते थे और एक साल में पाँच ही बच्चों को पढ़ाते थे। अपने सभी छात्रों पर उन्होंने एक कठोर शर्त लगा रखी थी। शर्त यह कि सभी छात्र स्नान करके सुबह पाँच बजे उनकी कक्षा में उपस्थित हो जाएँ। मेरी माँ मुझसे पहले जाग जाती थी। वह मुझे नहलाती और ट्यूशन के लिए तैयार करती। मैं साढ़े पाँच बजे घर वापस लौटता। उस समय नमाज़ अदा करने तथा अरबी स्कूल में कुरान शरीफ सीखने के लिए मुझे ले जाने को पिता मेरी प्रतीक्षा कर रहे होते।

उसके बाद मैं अपने घर से तीन किलोमीटर की दूरी पर स्थित रामेश्वरम रोड रेलवे स्टेशन पैदल जाता। वहाँ से होकर गुज़रने वाली धनुषकोडि मेल से समाचार-पत्रों का बंडल लेता और तेज़ी से शहर लौटता। शहर में सबसे पहले मैं ही लोगों तक समाचार-पत्र पहुँचाता

था। यह ज़िम्मेदारी निभाने के बाद मैं आठ बजे तक घर वापस आ जाता। उस समय मेरी माँ मुझे सामान्य नाश्ता देतीं, जो मेरे अन्य भाई-बहनों को दिए जाने वाले नाश्ते की तुलना में कुछ विशेष होता, क्योंकि मैं पढ़ाई और कमाई एकसाथ करता था। स्कूल की छुट्टी के बाद शाम को मैं फिर ग्राहकों से बकाया राशि की वसूली के लिए निकल पड़ता।

आप इतने ऊँचे पद पर हैं, फिर भी आप इतनी सादी ज़िन्दगी बिताने में कैसे सफल हुए हैं?

—पार्थ पटेल, दिल्ली पब्लिक स्कूल, अहमदाबाद

मेरी ज़रूरतें बहुत थोड़ी हैं।

जीवन से आपको क्या शिक्षा मिली है?

—रीमा हेलन, एल.वी. प्रसाद आई इंस्टीट्यूट, भुवनेश्वर

जीवन एक निरन्तर बहती धारा है। हर दिन अनोखा है और हर काम की अपनी चुनौतियाँ हैं। हमें अपने काम से प्यार करना सीखना चाहिए और इसके हर क्षण का आनन्द लेना चाहिए।

राष्ट्रपति के रूप में आप अशिक्षित मन्त्रियों से किस प्रकार तालमेल बिठाते थे जबकि उनमें से कुछेक की आपराधिक पृष्ठभूमि भी थी?

—अनुश्रुत, सरदार पटेल विद्यालय, नई दिल्ली

भारत एक प्रजातान्त्रिक देश है। हमें समझदार मतदाताओं द्वारा चुने गए हर सदस्य को सम्मान देकर मतदाताओं के निर्णय का आदर करना है।

इस बात पर आपकी क्या प्रतिक्रिया है कि विश्व का सबसे समृद्ध व्यक्ति एक भारतीय है?

—शुभम सिन्हा, रामकृष्ण मिशन विद्यालय, नरेन्द्रपुर, कोलकाता

समृद्धि पाप नहीं है। लेकिन जो बात महत्त्वपूर्ण है वह है अमीरी और गरीबी के बीच की खाई को कम करना। हमें गरीबी रेखा के नीचे जीने वाले लाखों लोगों का कल्याण करना है।

आपके जीवन का सबसे सुखद और दुःखद क्षण क्या था?

—ईशान चक्रवर्ती, रामकृष्ण मिशन विद्यालय, नरेन्द्रपुर, कोलकाता

पोलियो प्रभावित बच्चे द्वारा हल्के वज़न के कैलिपर पहनकर खुशी से इधर-उधर दौड़ते, कूदते देखकर मुझे बड़ी खुशी हुई थी।

तीन माह के भीतर ही परिपक्व आयु—103 और 93 वर्ष—में मेरे माता-पिता का गुज़र जाना निःसन्देह मेरे जीवन का दुःखद क्षण था।

आपके विचार में इनमें कौन अधिक शक्तिशाली है—एक व्यक्ति की ताकत या अनेक लोगों की सामूहिक सोच?

—ऐश्वर्य शिवरमण, सोफिया हाई स्कूल, बंगलौर

निश्चय ही ताकतवर मस्तिष्क की सामूहिक सोच ही किसी राष्ट्र की वास्तविक शक्ति है।

क्या अल्पसंख्यक समुदाय का सदस्य होना कभी जीवन में सफलता तथा उपलब्धि के संघर्ष के मार्ग में आपके लिए बाधा बनी?

—हलीमा अख़्तर, जामिया सीनियर सेकेंड्री स्कूल, दिल्ली

प्यारे दोस्त, मैं पिनोकिओ के इस गीत को याद करना चाहूँगा :

"तारों से कीजिए कोई भी अभिलाषा
वे नहीं देखते आपका धर्म या भाषा
बस, पूरी करते हैं आपके मन की आशा"

क्या कोई नया काम शुरू करने से पहले आप कोई सलाह लेते हैं या बस शुरू कर देते हैं?

—राजेश भटीजा, जमनाबाई नर्सी स्कूल, मुम्बई

अनुभव सबसे बड़ा कोश है और तुम्हें हमेशा इससे सीखना चाहिए।

आप नीले रंग की कमीज़ क्यों पहनते हैं?

—हर्ष भट्ट, फ़ातिमा कान्वेंट स्कूल, भावनगर

नीला आकाश का रंग है और मैं आकाश के चमत्कारों को पसन्द करता हूँ।

आपका बालों का स्टाइल ऐसा क्यों है?

—बी. प्रीतिका, तिरुपुर

बाल उगते ही रहते हैं।

ईश्वर ने आपको क्या विशेष उपहार या आशीर्वाद दिया है जो आपके सब कामों और चेहरे पर चमकता दिखाई देता है?

—आकृति, प्रभाकर गर्ल्स हाई स्कूल, मुज़फ्फरपुर

मेरे माता-पिता ये विशेष उपहार थे। वे आध्यात्मिक व्यक्ति थे और उनसे मुझे प्रेरणा मिलती थी। वे ही मेरे लिए ईश्वर का आशीर्वाद थे।

आपको अपने जीवन का कौन सा भाग ज्यादा पसन्द है : बचपन का? वैज्ञानिक के रूप में? या राष्ट्रपति का?

—टी. श्रीनाथ चेल्लदुरै, जे.एस.एस. फार्मेसी कालेज, ऊटी

जब मैं अध्यापक था।

कहावत है : 'प्रत्येक सफल पुरुष के पीछे एक स्त्री होती है।' लेकिन आप अभी तक कुँवारे हैं। आपकी सफलता का रहस्य क्या है?

—श्री जे. शंकर, पी.एच.डी. छात्र, जामिया मिलिया, नई दिल्ली

मैं चूँकि संयुक्त परिवार का सदस्य हूँ, इसलिए मेरे माता-पिता, भाई-बहिन, परिवार के अन्य सदस्य और भारत की जनता, सभी का मेरी सफलता में योगदान है।

आप स्कूल के दिनों में क्या शैतानियाँ करते थे?

—रीतिका ओझा, एयर फोर्स स्कूल, पठानकोट

एक दिन हेडमास्टर साहब हमें भूगोल पढ़ा रहे थे। पढ़ाते-पढ़ाते उनको लगा कि हम ध्यान नहीं दे रहे हैं, तो उन्होंने हमें आदेश किया कि हम चलती हुई रेलगाड़ी पर चढ़कर दिखायें। मैंने तुरन्त कहा कि हम रेल पर चढ़ने की कोशिश करेंगे तो गिर जाएँगे और हमें चोट लग जाएगी। यह सुनकर उन्होंने मेरी कसकर पिटाई की। उनका मतलब था कि जब वे पढ़ाते हों तो हम उन पर पूरा ध्यान दें। लेकिन यह न समझकर हमने समझा कि वे सचमुच हमें चलती रेल पर चढ़ने को कह रहे हैं।

खाली समय में आप क्या करना पसन्द करते हैं?

—मोनिका लांबा, आर्मी पब्लिक स्कूल, ऊधमपुर

मैं कर्नाटक संगीत सुनता हूँ—वाद्य और गायन दोनों। मैं किताबें पढ़ना और लिखना, कविताएँ लिखना भी पसन्द करता हूँ।

आपको सबसे ज्यादा क्या करना पसन्द है?

—कीर्तन पटेल, गिरधरनगर शाहीबाग हाई स्कूल, अहमदाबाद

मुझे बच्चों से बातें करना और उनके
सपनों के बारे में जानना बहुत पसन्द है।

जीवन एक निरन्तर बहती धारा है। हर दिन अनोखा है और हर काम की अपनी चुनौतियाँ हैं। हमें अपने काम से प्यार करना सीखना चाहिए और इसके हर क्षण का आनन्द लेना चाहिए

आपके जीवन में सबसे ज्यादा खुशी का दिन कौन-सा था—वह दिन जब आप भारत के राष्ट्रपति बने या वह जब आप राष्ट्रपति के पद से विमुक्त हुए?

—सागर कुमार, ज्ञानदीप स्कूल, जावाली, शिमोगा

दोनों ही दिन मेरे लिए समान थे। मैं एक शिक्षक से राष्ट्रपति बना और वापस फिर शिक्षा के क्षेत्र में ही आ गया।

अपनी आत्मकथा में आपने लिखा है कि, "हम सभी का जन्म एक दिव्य प्रकाश के साथ होता है...हमारा प्रयास यह होना चाहिए कि उस प्रकाश से विश्व को आलोकित कर दें।" आगे आपने उन तरीकों का वर्णन किया है जिसके माध्यम से आपको अपने भीतर के दैवीय प्रकाश की अनुभूति हुई। क्या आप हमें बता सकते हैं कि हम अपने भीतर के उस दैवीय प्रकाश को कैसे प्राप्त करें?

—श्रीधर, मार इवानियस कालेज, त्रिवेन्द्रम

आपमें से हर एक को अपने आप से यह प्रश्न पूछकर कि, "मैं किस तरह स्वयं को याद किया जाना पसन्द करूँगा?" अपने जीवन का एक लक्ष्य निर्धारित करना चाहिए। इस प्रश्न से ही आपको सही जवाब और सही दिशा मिलेगी। दिशा निर्धारित कर लेने के बाद आपको सभी सम्भावित स्रोतों से उपयुक्त ज्ञान प्राप्त करना चाहिए। कठिन परिश्रम करो और अपने रास्ते पर अडिग रहो। जब कोई समस्या उत्पन्न हो तो, उसे खुद पर हावी होने न दो, बल्कि समस्याओं को नियन्त्रित करो और उनपर विजय प्राप्त करो। इस तरह हर छोटी-छोटी सफलता अगली सफलता का मार्ग प्रशस्त करेगी।

आप किनसे भयभीत होते हैं?

—कृतिका अग्रवाल, संस्कृति स्कूल, पुणे

मुझे किसी से भी डर नहीं लगता है। वर्ष 2006 में मैंने सुपरसोनिक विमान में यात्रा की। ज्योंही मैं विमान से उतरा, किसी ने मुझसे तुरन्त पूछ लिया, "आप डरे तो नहीं थे?" मैंने जवाब दिया, "प्यारे दोस्त, मैं अपनी यात्रा के दौरान विमान नियन्त्रण प्रणाली के संचालन में इतना व्यस्त था कि मुझे डरने के लिए समय ही नहीं था।"

यदि आपको अलौकिक शक्ति प्राप्त हो तो आप क्या करना चाहेंगे?

—प्रिया डिंगोरकर, संस्कृति स्कूल, पुणे

मैं अलौकिक शक्तियों में विश्वास नहीं करता।

राष्ट्रपति के रूप में आपका कार्यकाल वास्तव में यादगार था। बल्कि कहना चाहिए कि आपने पद का सम्मान बढ़ा दिया। लेकिन राष्ट्रपति के रूप में जब आपका कार्यकाल समाप्त हो जाएगा, तब क्या होगा? युवाओं के लिए आप आदर्श रहे हैं, लेकिन अब ऐसा लगता है कि हमारे जीवन की चमक कहीं खो गई है।

—कुमारी सिंधु अनीशा गुज्जरी, जे.एस.एस. पब्लिक स्कूल, एस.जे.सी.ई., कैम्पस, मैसूर

हर राष्ट्रपति इस पद में कुछ विशिष्टताओं को जोड़ता है। मैंने अपने से पहले आए दस राष्ट्रपतियों के बारे में अध्ययन किया है। उन सभी ने अपनी-अपनी तरह से योगदान किया है। यह प्रक्रिया जारी रहेगी।

आपके जीवन की वह महत्त्वपूर्ण घटना क्या थी जिसने आपका जीवन ही बदल दिया?

—एम. साक्थी, त्यागराज पॉलिटेक्निक कॉलेज, सलेम

उपग्रह प्रक्षेपण यान अथवा एस.एल.वी.-3 का सफल प्रक्षेपण।

हमने तो आपसे बहुत कुछ सीखा। क्या आपने भी हम विद्यार्थियों से कुछ सीखा?

—सी चित्रा और वी. सत्यप्रिय, त्यागराज पॉलिटेक्निक कॉलेज, सलेम

प्रश्न पूछने का महत्त्व।

आदरणीय सर, कृपया हमें कोई ऐसी घटना/निर्णय के बारे में बताएँ जिससे आपको भारत के राष्ट्रपति के रूप में अत्यधिक संतुष्टि मिली हो।

—वलेसन मैथ्यू, मर्सी मेमोरियल स्कूल, कानपुर

तीन चीज़ों से मुझे अत्यधिक सन्तुष्टि मिली। शिक्षा के अधिकार के बिल को मंज़ूरी देकर; राष्ट्रपति भवन के बगीचे में मिले एक घायल मोर की देखभाल करने से मिली खुशी, उस मोर की इतनी देखभाल की कि वह उड़ने लायक हो गया तथा 'इंडिया विज़न 2020' को सरकार तक पहुँचाकर।

आप वैज्ञानिक थे, फिर राष्ट्रपति और अब भूतपूर्व राष्ट्रपति। देश के विकास के लिए किए जानेवाले योगदान के सन्दर्भ में आपने अपनी भूमिका—वैज्ञानिक, राष्ट्रपति और भूतपूर्व राष्ट्रपति के रूप में—कैसे बदली?

—दीपिका, कमला नेहरू कालेज, नई दिल्ली

एक वैज्ञानिक के रूप में मेरा योगदान राष्ट्र की क्षमता को बढ़ाना था। मैंने वर्ष 2020 तक विकसित भारत के निर्माण की रूपरेखा तैयार करनेवाले विशेषज्ञों के एक दल के साथ भी काम किया है।

राष्ट्रपति के रूप में मैंने विकसित भारत के प्रसंग
को देश के जन-जन तक पहुँचाया।

राष्ट्रपति के पद से विमुक्त होने के बाद मैं युवाओं को पढ़ाने, उनमें विश्वास पैदा करने तथा उन्हें इस भावना से ओत-प्रोत करने में व्यस्त हूँ कि "मैं कर सकता हूँ", "हम कर सकते हैं" तथा "राष्ट्र कर सकता है।"

आपको बच्चों से अधिक प्रेम है या विज्ञान से?

-अखिल, ज्ञानद्वीप स्कूल, जावाली, शिमोगा

दोनों से, क्योंकि मैं हर बच्चे में एक वैज्ञानिक देखता हूं।

इस संसार में ईश्वर के बाद आप किसे सबसे ज्यादा प्यार करते हैं?

—जेरूशा डी. टेटेर, इमैकुलेट हार्ट ऑफ मेरीज़ मैट्रिक हायर सेकेंड्री स्कूल, पलायम

ईश्वर के बाद मैं ईश्वर की सम्पूर्ण सृष्टि से प्यार करता हूँ।

आपका प्रिय खेल, और खिलाड़ी कौन है?

—के. एस. मंजुनाथ, धर्मपुरी

कभी मुझे बैडमिंटन पसन्द था। अब मैं बगीचे में घंटे भर टहलता हूँ। इससे मुझे सुख मिलता है।

ऐसी कोई एक तकनीकी, खोज या आविष्कार बताइए जो आपको सर्वश्रेष्ठ लगती हो।

—श्रीवल्ली सौजन्या, हैदराबाद

बिजली की खोज को मैं सबसे महत्त्वपूर्ण मानता हूँ।

आप एक गरीब परिवार से आए, फिर भी आपने काम करने की जगह पढ़ना क्यों पसन्द किया?

—ऋषि पटेल, केन्द्रीय विद्यालय, राजकोट

मेरे माता-पिता और अध्यापक मेरे बड़े समर्थक थे और मुझे पढ़ने को प्रेरित करते थे।

आप नाश्ते में क्या लेते हैं और कैसा भोजन आपको पसन्द है?

—तेजू, माउंट आबू

मैं शाकाहारी हूँ और सभी प्रकार का भारतीय खाना मुझे पसन्द है।

आपने एक मिसाइल का नक्शा तैयार किया; फिर ऐसा क्या हुआ कि पाँच और मिसाइलें बना डालीं, जबकि आज हमें शान्ति की ज़रूरत है?

—विप्लव, आर्मी पब्लिक स्कूल, ऊधमपुर

इसरो (इंडियन स्पेस रिसर्च आर्गनाइज़ेशन) में मेरी टीम ने भारत का पहला उपग्रह प्रक्षेपण यान बनाया और उसे सफलतापूर्वक आसमान में उड़ाया। इसरो के कार्यक्रम पूरी तरह सामान्य जन की राष्ट्रीय आवश्यकताओं को पूर्ण करने के लिए बनाए जाते हैं—इनमें संचार उपग्रह, दूरज्ञान उपग्रह, अन्तरिक्ष ज्ञान उपग्रह इत्यादि शामिल हैं।

मैंने विविध प्रकार के पाँच उपग्रह तैयार कराए। इनमें युद्ध के मिसाइल भी थे जो हमें कोई भी देश नहीं देता है—इसलिए जिनको हमें ही बनाना आवश्यक था।

हमारी सभी सीमाओं पर उत्तम अस्त्र तैनात हैं। राष्ट्र की सुरक्षा के लिए देश को यह व्यय करना आवश्यक था, जिससे शान्तिपूर्वक विकास का कार्य किया जा सके। सुरक्षा पर किया गया व्यय शान्ति के लिए होता है।

आपकी प्रिय पुस्तक कौन-सी है और क्यों है?

—एस. निरंजना देवी, त्रिची

मेरी प्रिय पुस्तक है लिलियन आइश्लर वाट्सन की 'लाइट फ्रॉम मैनी लैम्प्स'। इससे साहस, सुख और ज्ञान प्राप्त होता है।

मैं जानना चाहूँगी कि इस संसार में आप सबसे ज्यादा किसके प्रशंसक हैं? स्कूली दिनों में क्या आप शैतान बच्चे थे? मेरे सवाल बहुत साधारण हैं, इनका उत्तर दें।

—नैना गौतम, सेंट थॉमस कालेज, देहरादून

अपने माता-पिता का मैं सबसे ज़्यादा प्रशंसक हूँ। और स्कूल के वे शिक्षक जिन्होंने मेरे जीवन को दिशा दी। चूँकि मैं 1940 के दशक में विद्यार्थी था, जब स्कूलों में बेंत की सज़ा आम बात थी, तब शैतान बच्चों को यह सज़ा मिलती ही थी। मुझे भी यह मिली है।

यदि आपको अवसर प्राप्त हो तो आप भारत सरकार में क्या परिवर्तन लाना चाहेंगे?

—शीतल महापात्र, आलकॉन इंटरनेशनल स्कूल, नई दिल्ली

मैं सरकार के विभिन्न मंत्रालयों के बीच दूरी कम करने का प्रयास करूंगा और अर्थ, सुरक्षा, शिक्षा और रोज़गार-निर्माण को ही महत्त्व दूँगा। शेष सब काम निजी क्षेत्र को सौंप दूँगा। इस तरह शासन करना आसान हो जाएगा और प्रतियोगिता बढ़ेगी।

आपके जीवन का अगला लक्ष्य क्या है?

—कैथरीन, जे.एस.एस लॉ कालेज, मैसूर

भारत के एक अरब लोगों के चेहरे पर मुस्कराहट देखना।